Käfer's Wies'n

Käfer

Einfach gut bayrisch

Collection Rolf Heyne

Käfer

Einfach gut bayrisch

Fotografiert von Luzia Ellert (Food)
und Rainer Herrmann

Rezepte von Andreas Schinharl

Collection Rolf Heyne

Einfach gut bayrisch

PAULANER
MÜNCHEN

Qualität aus Tradition

Das Münchner Oktoberfest ist ein unvergleichliches Erlebnis – für jeden einzelnen Besucher und für alle, die sechzehn Tage lang vor und hinter den Kulissen dem ältesten Volksfest der Welt Leben einhauchen, auch für uns Gastronomen. Denn die Berufung zum Wies'n-Wirt ist wie ein Ritterschlag, die höchste Ehre, die wir erhalten können. Genau so empfand es auch mein Vater Gerd Käfer, als er 1971 mit einem kleinen Zelt mit vierzig Sitzplätzen auf der Theresienwiese debütieren durfte.

Zwei Jahre später, mein Vater bemühte sich bereits um eine Möglichkeit, sein Zelt zu vergrößern, bot ihm die Stadt München eine Fläche unterhalb der Bavaria, der Säulenheiligen der Theresienwiese, an. Das Oktoberfest bestand seinerzeit hauptsächlich aus der Wirtestraße sowie Fahr- und Unterhaltungsgeschäften. Der Teil des Areals unterhalb der Bavaria war ungenutzt, da er am Rande des Geschehens lag. Dass das nicht ewig so bleiben würde, hoffte mein Vater (und vielleicht ahnte er es auch). Er nahm das Angebot also freudig an. Der Rest ist, wie man so schön sagt, Geschichte. Seit bald vier Jahrzehnten ist die Käfer-Schänke ein Ort fröhlicher und ausgelassener Gastlichkeit. Sie ist Jahr für Jahr ausgebucht und unsere Gäste schätzen das traditionsreiche und zugleich zeitgemäße, vom Streben nach höchster Qualität bestimmte Ambiente. Darauf sind wir alle bei Käfer überaus stolz, steckt doch in der Tat ein hartes Stück Arbeit hinter diesem beeindruckenden Erfolg.

Feinkost Käfer hatte sich bereits in den 1960er-Jahren als Lieferant ausgesuchter Lebensmittel höchster Qualität einen Namen gemacht, die wir aus Frankreich und vielen anderen Ländern der Welt als Erste nach Deutschland importierten. Die vom Wirtschaftswunder beflügelte Sehnsucht nach Internationalität, einhergehend mit steigenden Einkommen und ebenso steigenden Ansprüchen, brachte uns Kunden und Gäste, denen wir in unserem Feinkostgeschäft Kaviar und Rillettes, Bresse-Hühner, Hummer und feinste Käse präsentierten. Unser Restaurant, die Schänke im Stammhaus an der Münchner Prinzregentenstraße, bot französische Küche und Spezialitäten für ein internationales und weltoffenes Publikum, darunter schon damals Filmstars, bekannte Unternehmer, Politiker und Adelige. Parallel dazu hatte mein Vater begonnen, seinen Partyservice zu etablieren, der unser Haus im Laufe der Jahre – auch mithilfe der Medien – weit über die Grenzen der bayrischen Landeshauptstadt hinaus berühmt gemacht hat. Folgerichtig bestürmten uns unsere Gäste unablässig mit der Frage, warum wir sie nicht auch während der Wies'n, diesem einzigartigen Publikumsmagneten, bewirteten. Da unsere Wurzeln bayrisch sind, sind wir bis heute dankbar, die Möglichkeit bekommen zu haben, unsere Philosophie auch auf dem Oktoberfest umzusetzen. In der Folge habe ich meine entscheidenden gastronomischen Erfahrungen während der Wies'n-Wochen sammeln können, vom Aufbau und der Logistik bis hin zu Küchendienst und Service.

Zwölf Monate lang wird das Oktoberfest bei uns geplant. Kaum beginnt nach Ende des Fests der Abbau, richten sich bereits alle Gedanken und Kräfte auf das nächste Jahr: Es werden Baupläne gewälzt, Reservierungen angenommen,

Speisekarten entworfen, Produkte eingekauft, Personal eingestellt und geschult. Im Juli, zwei Monate vor der Eröffnung, wird mit dem Aufbau unserer Schänke begonnen, die mein Vater 1973 mit Originalhölzern einem traditionellen Bauernhaus nachempfinden ließ und mit der er ein im besten Sinne besonderes Plätzchen im Oktoberfesttrubel geschaffen hat. Im Laufe der Zeit haben wir das einzige ganz aus Holz gefertigte Haus auf der Wies'n erweitert, perfektioniert und ausgeschmückt, wobei wir bis heute großen Wert darauf legen, dass jedes noch so kleine Detail entweder ein Originalstück ist oder einem solchen nachempfunden wird.

Einige Hundert Hände packen mit an, damit aus der Idee meines Vaters bis heute für jeden Gast eine unvergessliche Wies'n-Erinnerung wird. Es wird über uns oft in Verbindung mit bekannten Persönlichkeiten berichtet, aber die eigentlichen Stars sind unsere Mitarbeiter, die sich der Erfüllung des Käfer'schen Qualitätsversprechens verpflichtet fühlen und sie Tag für Tag umsetzen. So wie Susanne Geimann, unsere langjährige Geschäftsführerin, ohne die die Wies'n nicht funktionieren würde und Andreas Schinharl, der seit 2007 verantwortlicher Küchenchef ist und sich meiner Vision von glaubwürdiger regionaler, im Fall des Oktoberfests der klassischen bayrischen Küche, verschrieben hat.

Natürlich sind die bayrischen Wies'n-Hendl die besten Brathendl. Wir bemühen uns aber darüber hinaus mit vereinten Kräften darum, dass wir unseren Gästen kontinuierlich höchste Qualität bieten können, ob beim Hendl oder Brotzeitbrett'l. Deshalb suchen wir, lange bevor sich der erste Spieß im Grill dreht und das erste Bierfass angezapft wird, die Land- und Viehwirte, Metzger, Käser oder Brauer auf, deren Produkte wir verarbeiten und anbieten wollen.

Wer entdecken will, dem bieten wir von regionalen Produzenten in Handarbeit und unter Berücksichtigung aller denkbarer ökologischer Gesichtspunkte erzeugte Lebensmittel, deren Herkunft, Aufzucht oder Verarbeitung wir jederzeit lückenlos dokumentieren können.

So, wie vor mehr als fünf Jahrzehnten mein Onkel und mein Vater weltweit die hochwertigsten Lebensmittel gefunden und nach München gebracht haben, bringen wir heute die Leistungen der einheimischen Produzenten auf die Teller unserer Gäste. In Zeiten von Analogkäse und Gelschinken ist das natürliche Produkt, welches für Generationen vor uns eine alltägliche Selbstverständlichkeit dargestellt hat, der eigentliche Luxus. Und heute gilt: Das Gute ist so nah. Zu einem hervorragenden Produkt und seiner angemessenen Zubereitung gehört natürlich auch die entsprechende Präsentation. Zu Recht ist die bayrische Gastfreundlichkeit über die Jahre sprichwörtlich geworden. Denn sie ist keine bierselige Folklore, sondern die gelebte Überzeugung, dass sich Menschen beim Feiern und Genießen einander in Freundschaft näher kommen. Was zählt, das ist hier wie bei unserem Umgang mit Lebensmitteln, der Respekt.

Diese Selbstverpflichtung zu Verantwortungsbewusstsein findet besonderen Niederschlag in unserem Qualitätsmanifest:

Wir lehnen Lebensmittel ab, die synthetisch produzierte Aromen enthalten.
Wir lehnen Geschmacksverstärker und chemische Zusätze in Lebensmitteln ab.
Wir vermeiden gentechnisch veränderte Organismen.
Wir unterstützen artgerechte Tierhaltung.
Wir vermeiden unnötige Wege und sind aktiv für einen gewissenhaften Umgang mit den begrenzten Ressourcen unserer Welt.

Genuss ohne Reue, ob beim Einkauf in einem unserer Märkte oder als einer von über dreitausend Gästen, die in der Wies'n-Schänke und im Biergarten davor Platz finden. Wir dulden keine Kompromisse und folgen ausschließlich den Ansprüchen unserer Gäste. Jeden Tag auf's Neue.

Seit vielen Jahren pflege ich am Vorabend des Einzugs der Wies'n-Wirte ein ganz privates Ritual. Nachdem die letzte Abnahme der Schänke, die Einweisung der Küchenbrigade und der einmaligen Wies'n-Bedienungen beendet ist, spaziere ich ganz allein für mich, seit letztem Jahr gemeinsam mit meiner größten Stütze und Hilfe im Leben, meiner Frau Clarissa, über das Festgelände und genieße die Lichterspiele in der Dämmerung. Ich freue mich dann auf zwei Wochen, in denen die Lebensfreude regiert, Menschen jeden Alters und unterschiedlichster Nationalität friedlich und ausgelassenen aufeinandertreffen und den Moment genießen. In Lederhose und Dirndl, bei einer Maß Bier oder einem Schoppen Frankenwein, bei einer Portion Ochsen oder Schwarzgeräuchertem, mit einer Handvoll Nieten vom Losverkäufer oder einem Lebkuchenherz von der schönsten Frau auf der Wies'n – es spielt keine Rolle, wer man ist, solange man die Vielfalt genießt, die einem gelebte Tradition bietet, ob im Festzelt oder zu Hause in der Küche, am Esstisch, mit Freunden oder Kollegen, mit denen, die man schätz und mit denen, die man liebt. Denn allzeit gilt: Liebe geht durch den Magen. Und einmal mehr empfinde ich an diesem Vorabend große Dankbarkeit denen gegenüber, ohne die Käfer nicht Käfer wäre: alle unsere Käfer-Mitarbeiter, unser gesamtes Wies'n-Team, die Küchenchefs, die maßgeblich zum Ruf der Wies'n-Schänke beigetragen haben, Susanne Geimann, meine Frau Clarissa und mein Vater, der großartige Vorarbeit geleistet hat.

München, im September 2009

Looping
München
OLYMPIA LOOPING
HAUS

Magentratzerl

Vorspeisen

Essenszeit ist Lebenszeit

Montagabend, 19.00 Uhr. Die Familie versammelt sich um den Esstisch. Die Kinder haben den Tisch gedeckt und den bunten Salat mit Kräutern aus dem Garten auf die Teller verteilt. Die Mutter bringt die dampfende Schüssel mit selbstgemachtem Kartoffelbrei und einen Teller mit frisch gebratenen Fleischpflanzerl herein. Nachdem sich alle einen guten Appetit gewünscht haben, greift jeder beherzt zu. Diese idyllische Szene scheint aus einer anderen Zeit zu stammen.

Die Realität in den deutschen Haushalten sieht häufig anders aus: Gegessen wird, wenn man Hunger hat und was der Kühlschrank gerade hergibt. Und wenn schon Kartoffelbrei, dann aus der Tüte, denn schnell muss es gehen. Für Andreas Schinharl, Küchendirektor des Käfer Party Service München und Küchenchef der Käfer Wies'n-Schänke ist Zeit das Allerwichtigste, wenn es um Kochen und Essen geht. »Essen ist ein Kulturgut und sollte einen höheren Stellenwert haben. Jeder Autofahrer will nur das beste Öl für sein Auto, aber für sich selber kaufen die meisten nur das billigste Salatöl und schieben zu Hause schnell was in die Mikrowelle.« Lebensmittel haben an Wertigkeit verloren, es fehlt das Bewusstsein, dass man es mit Produkten zu tun hat, die man zum Leben braucht.

Eine richtig gute Sauce muss oft stundenlang einkochen, damit sie ein intensives Aroma entwickelt. Frisches Gemüse muss erst einmal geputzt und geschnitten werden, bis es gekocht werden kann. Ein knuspriger Braten schmort einige Zeit im Ofen und soll immer wieder mit Bratensaft übergossen werden. Die Zubereitung frischer Lebensmittel braucht Zeit, aber die sollte man sich nehmen. Der Geschmack und der Genuss sind eine mehr als ausreichende Belohnung dafür.

Schinharl wuchs in einer Familie auf, in der Kochen nicht nur Mittel zum Zweck war. Die Zubereitung und die gemeinsame Mahlzeit waren und sind für ihn bis heute ein wichtiger Bestandteil im Familienleben. Es ist einer der wenigen Momente, in denen man sich Zeit für das eigene Wohl und das seiner Nächsten nimmt. »Meine Mutter hat mir viel mitgegeben. Die kann sehr gut kochen, vor allem diese bodenständige Küche. Und mich hat das immer interessiert. Und mein Onkel: Der hatte einen wahnsinnig stressigen Beruf, aber wenn er daheim war, dann hat immer er für seine Frau und seine Kinder gekocht. Das war für ihn Entspannung. Als kleiner Bub war ich viel mit ihm unterwegs. Wir hatten ein Waldhäusl, und da haben wir immer gekocht. Mir hat das Kochen einfach gefallen, ich wollte schon immer Koch werden.« Keiner in der Familie arbeitete in der Gastronomie, doch man kochte gerne und eines war immer wichtig: hochwertige Lebensmittel. Und davon gab und gibt es in seiner niederbayrischen Heimatstadt Straubing und in der Umgebung genug. »Das war echtes Glück. Wir haben immer geschaut, was es gerade gab. Und zum Bauer konnten wir sagen, er soll uns eine Sau mitfüttern. Unser Geselchtes haben wir auch vom Bauern geholt. Und von dem nebenan natürlich die Milch und die Butter. Die haben auch selber Brot gemacht. So hatten wir immer außergewöhnliche Produkte in Spitzenqualität, die es so nicht zu kaufen gab. Beim Fleisch war es genauso.«

In der Gourmetküche wird großen Wert auf qualitativ hochwertige Produkte und eine anspruchsvolle Verarbeitung gelegt. Neben handwerklichem Geschick ist Kreativität gefordert, um die Zutaten geschmacklich neu zu kombinieren und zu präsentieren. Beides konnte Andreas Schinharl bereits in mehreren Sternerestaurants unter Beweis stellen. Für seine Ausbildung ging er in das namhafteste Restaurant seiner Heimatstadt Straubing, ins Hotel Seethaler, dann zu Peter Wimmer. Sterneköche wie Eckart Witzigmann verhalfen damals der deutschen Kochkunst und dem Kochberuf zu einem neuen, positiven Image. Alfons Schuhbeck machte sich in München und Umgebung einen Namen und war nicht nur für Andreas Schinharl ein Vorbild. Auf diesem Niveau wollte der junge Koch ankommen und so machte er nach seiner Ausbildung im Sternerestaurant Boettner in München Station und entdeckte seine Begeisterung für die klassische, französische Küche und ihre Spitzenprodukte.

Nach einem Jahr auf der MS Europa, kochte er mit 24 Jahren in einem der besten Restaurants Deutschlands, im Bareiss im Schwarzwald, ausgezeichnet mit drei Michelin-Sternen. Das war für ihn der Höhepunkt seiner bisherigen Karriere. Dann zog es ihn wieder in die Heimat, bevor er 2003 nach St. Moritz, ins Hotel Schweizer Hof und anschließend zu dem Spitzenkoch Reto Mathis ging. Doch der erfahrene Koch beherrscht nicht nur die Kunst der Haute Cuisine. Besonders die traditionelle, bayrische Küche liegt ihm am Herzen.

»Ich mag Hummer, Gänsestopfleber, Kaviar und Trüffel. Die Gourmetküche hat mich ganz klar geprägt und ich schätze sie. Aber ich mag auch mal einen guten Leberkäs oder Schwarzgeräuchertes oder eine einfache Forelle.« Und dass er davon etwas versteht, zeigt er seit drei Jahren als Küchenchef der Käfer Wies'n-Schänke auf dem Münchner Oktoberfest. Dort ist er dafür verantwortlich, dass die Gäste, die einen der 1000 begehrten Sitzplätze in der Wies'n-Schänke oder der 1900 Plätze im Biergarten ergattern, Spezialitäten wie das Käfer Brathendl oder die Käfer Ente mit Blaukraut in höchster Qualität serviert bekommen. Bereits seit 13 Jahren betreut er auf dem Straubinger Gäubodenvolksfest die Küche im Festzelt der Familie Krönner. Das zweitgrößte Volksfest Bayerns findet jedes Jahr im August statt. Gegründet 1812 durch den bayerischen König Maximilian I. Joseph als »landwirtschaftliches Fest im Unterdonaukreis«, zieht es jährlich ca. 1,2 Millionen Besucher nicht nur aus Bayern in die Stadt an der Donau. Fünf Brauereien und sieben Festhallen laden zum gemütlichen Beisammensein ein.

Im Vergleich zum Münchner Oktoberfest sind dies natürlich kleine Dimensionen, aber in puncto Kulinarischem kann das Gäubodenvolksfest durchaus mithalten. Neben frischem Steckerlfisch aus der Donau, sind besonders die Rosswürste aus Pferdefleisch oder die Fischwürste (das Rezept hierfür finden Sie auf S. 96) überaus beliebt, um den Hunger zu stillen. Doch jenseits der großen Volksfeste und ihrer berühmten Spezialitäten, gibt es in Bayern vielfältige Küchentraditionen und Produkte, die es zu entdecken gilt und die jedermann zu Hause genießen kann.

SAUER EINGELEGTES KRETZERFILET MIT HAUSGEMACHTEM KARTOFFELBROT

KRETZERFILET

400 ml Fischfond (siehe Grundrezept S. 249)
20 ml Kräuteressig
1 Lorbeerblatt, frisch
3 Wacholderbeeren
5 Senfkörner
600 g Kretzerfilet (auch Flussbarsch oder Egli genannt), grätenfrei und ohne Haut
2 Schalotten, in feine Ringe geschnitten
je 50 g Karotten, Stangensellerie, Lauch und Fenchel, fein gewürfelt
2 Dillzweige
Meersalz und schwarzer Pfeffer, geschrotet
Abrieb von 1/2 Bio-Zitrone
Abrieb von 1/2 Bio-Orange
gezupfter Dill für die Garnitur

KARTOFFELBROT

ZUTATEN FÜR 2 BROTE À 900 GRAMM

100 g Bauchspeck, gewürfelt
1 rote Zwiebel, gewürfelt
Salz, frisch gemahlener schwarzer Pfeffer
Muskatnuss, gemahlen
1/2 Knoblauchzehe, gehackt
1 EL Blattpetersilie, gehackt
1 El Schnittlauchröllchen
750 g mehlige Kartoffeln (geeignete Sorten: Adretta, Bintje, Blauer Schwede)
100 ml Milch
2 Eier, verquirlt
30 g frische Hefe
700 g Weizenmehl Type 405

KRETZERFILET

Den Fischfond mit Essig, Lorbeerblatt, Wacholderbeeren und Senfkörnern in einem Topf aufkochen. Die Fischfilets portionieren und in dem heißen, leicht sprudelnd kochenden Sud ca. 1 Minute garen. Die Schalotten und die Karotten-, Sellerie-, Lauch- und Fenchelwürfel sowie die Dillzweige zufügen. Alles für ca. 8 Minuten in dem nicht mehr kochenden Sud ziehen lassen.

Den Fisch mit einer Schaumkelle vorsichtig aus dem Topf nehmen und in einem Suppenteller anrichten. Mit Meersalz und Pfeffer würzen und mit dem heißen Gemüsesud begießen. Den Zitronen- und Orangenabrieb mischen und über die Filets streuen. Mit gezupftem Dill garnieren.

KARTOFFELBROT

Die Speckwürfel in einer Pfanne ohne Fett auslassen. Die Zwiebelwürfel zugeben und glasig anschwitzen. Mit Salz, Pfeffer und Muskatnuss würzen. Kurz abkühlen lassen und Knoblauch, Petersilie, und Schnittlauch unterrühren.

Die Kartoffeln schälen und grob reiben. Die Milch aufkochen, über die geriebenen Kartoffeln gießen und verrühren. Anschließend die Eier und die in lauwarmer Milch aufgelöste Hefe in die Speckmasse einrühren. Das gesiebte Mehl nach und nach untermengen. Mit den Knethaken des Handrührgerätes den Teig etwa 2 Minuten langsam, dann 6 Minuten schnell zu einem glatten, festen Teig kneten. Gegebenenfalls etwas Milch oder Mehl zufügen, um den Teig weicher beziehungsweise fester zu machen.

Aus dem Teig zwei gleich große Brotlaibe formen und auf ein Backblech legen. Mit einem feuchten Tuch bedecken und ca. 30 Minuten gehen lassen. Den Backofen auf 220 °C Unter- und Oberhitze vorheizen und die Brote bei 200 °C ca. 40 bis 45 Minuten goldbraun backen.

LAUWARM GERÄUCHERTE KÖNIGSSEEFORELLE MIT KARTOFFEL-RADIESERL-SALAT UND KOPFSALATPESTO

KARTOFFELSALAT

600 g festkochende Kartoffeln (geeignete Sorte: Charlotte)
1 TL Salz
1 TL Kümmelsamen
125 ml Rinderbouillon (siehe Grundrezept S. 246)
1 Zwiebel, fein gewürfelt
4 EL Weißweinessig
1 TL mittelscharfer Senf
6 EL Sonnenblumenöl
Salz
frisch gemahlener schwarzer Pfeffer
Zucker
150 g Radieserl

KARTOFFELSALAT

Die ungeschälten Kartoffeln waschen und in Salzwasser mit dem Kümmel weich kochen. Das Wasser abgießen, die Kartoffeln pellen, in Scheiben schneiden und in eine Schüssel geben. Die Rinderbouillon in einem kleinen Topf erhitzen und die Zwiebelwürfel darin einmal aufkochen. Den Essig und den Senf einrühren und über die Kartoffelscheiben gießen. Das Öl unter die Kartoffeln rühren und mit Salz, Pfeffer und etwas Zucker abschmecken. Den Kartoffelsalat kurz durchziehen lassen. Dann die leicht gesalzenen Radieschenscheiben daruntermischen.

TIPP: Nach 30 Minuten den Salat erneut abschmecken, da Kartoffeln grundsätzlich viel Geschmack aufnehmen und der Salat sonst fad schmeckt.

AUSGEHÖHLTE KARTOFFELN

2 große festkochende Kartoffeln (geeignete Sorten: Sieglinde, Agata, Selma)
Salz
1 TL Kümmelsamen
etwas flüssige Butter

AUSGEHÖHLTE KARTOFFELN

Die Kartoffeln waschen und in Salzwasser mit den Kümmelsamen bissfest kochen. Die Kartoffeln halbieren und mit einem Löffel aushöhlen. Das Kartoffelinnere in den Kartoffelsalat geben und die Kartoffelhälften mit dem Salat füllen und etwas flüssiger Butter beträufeln.

FORELLE

1,5 kg Forellenfilet (Seeforelle vom Königssee), entgrätet
1/2 EL Korianderkörner
1 EL Wacholderbeeren
1 EL schwarze Pfefferkörner
5 Lorbeerblätter, getrocknet
80 g Meersalz
80 g Pökelsalz
80 g Zucker

FORELLE

Die Forellenfilets gründlich abwaschen, trockentupfen und kühl stellen.

Die Korianderkörner, Wacholderbeeren, Pfefferkörner und Lorbeerblätter in einem Mörser grob zerstoßen. Das Meersalz mit dem Pökelsalz und dem Zucker vermischen und die zerstoßenen Gewürze dazugeben. Den Orangen- und Zitronenabrieb zufügen und alles gut vermengen.

Die Forellenfilets auf beiden Seiten großzügig mit der Gewürzmischung einreiben und in Klarsichtfolie wickeln.

Abrieb von 1 Bio-Zitrone
Abrieb von 1 Bio-Orange
Buchenholzspäne zum Räuchern

KOPFSALATPESTO

100 g Kopfsalatblätter
2 EL Haselnusskerne, geröstet
1 Bund Basilikum
1 Knoblauchzehe, gewürfelt
1 EL Parmesan, frisch gerieben
1 EL Zitronensaft
120 ml sardisches Olivenöl
Salz
frisch gemahlener schwarzer Pfeffer

Im Kühlschrank 24 Stunden ziehen lassen. Die gebeizten Fischfilets aus der Folie nehmen, gründlich mit kaltem Wasser abwaschen und auf einem Gitter abtropfen lassen. Die Filets in einem Räucherofen bei 100 °C über Buchenholzspänen glasig räuchern.

TIPP: Die Forellenfilets können auch bei einer Temperatur von 15 °C kalt geräuchert werden.

KOPFSALATPESTO

Die Kopfsalatblätter waschen und in kochendem Salzwasser etwa 10 Sekunden blanchieren. In Eiswasser abschrecken und in einem Tuch gut ausdrücken. Mit einem Mixstab oder in der Küchenmaschine mit den Haselnusskernen, dem Basilikum, der Knoblauchzehe und dem Parmesan fein pürieren. Den Zitronensaft zugeben und langsam unter Rühren das Olivenöl zugießen. Das Pesto mit Salz und Pfeffer abschmecken.

ANRICHTEN

Das geräucherte Forellenfilet mit der gefüllten Kartoffel und einigen gezupften Salatblättern auf einem Teller anrichten. Mit dem Kopfsalatpesto garnieren.

Abfischen von Forellen in der *Fischzucht Königssee* in Schönau. Das Wasser in den Becken kommt über einen Zulauf direkt aus dem Königssee.

KALBFLEISCHPFLANZERL AUF LAUWARMEM KRAUTSALAT MIT ROTWEINSCHALOTTEN UND WEISSEM BALSAMICODRESSING

KALBFLEISCHPFLANZERL

1 trockene Semmel
50 ml Milch
50 ml Sahne
50 g Zwiebel, fein gewürfelt
Butterschmalz zum Braten
400 g Kalbfleisch (Schulter oder Keule)
50 g Bauchspeck
1 Zweig Majoran, gehackt
40 g Blattpetersilie, gehackt
1 Ei
Salz
frisch gemahlener schwarzer Pfeffer

KRAUTSALAT

1 Kopf Weißkraut (ca. 800 g geschnittenes Kraut)
1 Zwiebel, fein gewürfelt
200 ml Rinderbouillon
1 TL geklärte Butter (siehe Grundrezept S. 272)
6 EL Essig
6 EL Sonnenblumenöl
1 EL Kümmel
1 TL Zucker
Salz
frisch gemahlener schwarzer Pfeffer

WEISSES BALSAMICODRESSING

100 ml Rinderbouillon
50 g weißer Balsamicoessig
Salz
Zucker

KALBFLEISCHPFLANZERL

Die Semmel in der Milch und der Sahne einweichen, bis die Flüssigkeit aufgesaugt ist. Die Zwiebelwürfel in einer Pfanne mit 1 EL Butterschmalz leicht braun anschwitzen.

Das Kalbfleisch von den Sehnen befreien, in kleine Stücke schneiden und zusammen mit der Semmel, dem Speck und den Zwiebeln durch den Fleischwolf drehen. Den Majoran, die Petersilie und das Ei mit der Fleischmasse kräftig vermengen und mit Salz und Pfeffer abschmecken. Aus der Masse kleine Plätzchen formen und in einer Pfanne mit Butterschmalz auf beiden Seiten braun braten.

KRAUTSALAT

Die äußeren Blätter von dem Weißkrautkopf entfernen, vierteln und den Strunk abschneiden. Mit einem Gemüsehobel in feine Streifen hobeln. Die Zwiebelwürfel mit den Weißkrautstreifen vermengen.

Die Rinderbouillon in einem kleinen Topf erwärmen und die Butter, den Essig, das Sonnenblumenöl, Kümmel und Zucker in die Rinderbouillon einrühren. Die warme Rinderbouillon über das Weißkraut geben. Alles gut mit den Händen vermischen, leicht durchkneten und etwas ziehen lassen. Mit Salz und Pfeffer abschmecken.

TIPP: Nach 15 Minuten den Krautsalat nochmals abschmecken, da das Kraut den Geschmack der Gewürze schnell aufnimmt und sonst fad wird.

WEISSES BALSAMICODRESSING

Die Rinderbouillon in einem Topf kurz lauwarm erwärmen und den weißen Balsamicoessig einrühren. Die Flüssigkeit in eine hohe, schmale Schüssel füllen und mit Salz und Zucker abschmecken. Anschließend tröpfchenweise Öl

50 ml Rapsöl (alternativ ein anderes Öl)
Rotweinschalotten (siehe Grundrezept S. 258)

zugeben und mit einem Mixstab langsam unterrühren, sodass ein homogenes Dressing entsteht. Am Ende nach Belieben nochmals abschmecken.

ANRICHTEN

Den Krautsalat in die Mitte des Tellers platzieren. Die Kalbfleischpflanzerl und die Rotweinschalotten um den Salat anrichten und mit dem frisch aufgemixten weißen Balsamicodressing beträufeln. Nach Belieben mit Salatblättern und Kräutern garnieren.

CALIFORNIA
SUN

KALTGERÄUCHERTER HIRSCHSCHINKEN MIT KÜRBISSALAT UND PREISELBEERMEERRETTICH

HIRSCHSCHINKEN

800 g Zwiebeln, in Scheiben geschnitten
30 g Knoblauch, zerdrückt
10 Zweige Thymian
6 Zweige Rosmarin
10 g Kräuter der Provence, getrocknet
300 g Pökelsalz
50 g Zucker
15 g schwarze Pfefferkörner
5 l Wasser
10 kg Hirschrücken
Buchenholzspäne zum Räuchern
3 EL Wacholderbeeren
10 g Lorbeerblätter

KÜRBISSALAT

1 Hokkaidokürbis (ca. 800 g)
75 g Sultaninen
1 weiße Zwiebel
3 EL Olivenöl
Salz
frisch gemahlener weißer Pfeffer
1 TL Zucker
50 ml Apfelsaft
1 Zimtstange
1 Sternanis
2 EL weißer Balsamicoessig
2 EL Walnussöl
50 g Pinienkerne
3 Zweige Minze

HIRSCHSCHINKEN

Die Zwiebelscheiben mit den Gewürzen und Kräutern in Wasser aufkochen und dann erkalten lassen.

Den Hirschrücken parieren und von den Sehnen befreien. In eine Schüssel geben, mit dem Fond aufgießen und verschlossen 4 Wochen an einem kühlen Ort ziehen lassen. Während der Ruhezeit das Fleisch zwei- bis dreimal wenden. Anschließend den Hirschrücken mit kaltem Wasser abwaschen und ca. 2 bis 3 Stunden wässern. Das Fleisch aufhängen und ca. 2 Tage trocknen lassen, bis sich auf der Oberfläche eine Haut bildet.

In einem Räucherofen über Buchenholzspänen, Wacholderbeeren und Lorbeerblätter bei maximal 28 °C mehrere Tage räuchern. Nach dem Räuchern nochmals zwei bis drei Tage an einem kühlen Ort ruhen lassen.

TIPP: Fragen Sie den Metzger Ihres Vertrauens, ob er Ihr Fleisch miträuchert. Ein zusätzliches Geschmackserlebnis erhält man, wenn man den Hirschrücken nach dem Räuchern ca. 10 Tage in Portwein einlegt oder mit dem Wein zusammen vakuumverpackt. Der Schinken ist nach dem Räuchern, kühl und trocken gelagert, sehr lange haltbar.

KÜRBISSALAT

Den Kürbis halbieren und die groben Fasern und Kerne restlos entfernen. Vierteln, schälen und in ca. 0,5 x 3 cm große Stücke schneiden.

Die Sultaninen in 100 ml Wasser einweichen. Die Zwiebel schälen, in dünne Ringe schneiden und in Olivenöl glasig anschwitzen. Die Kürbisstücke dazugeben und 2 Minuten mit anschwitzen. Mit Salz, Pfeffer und Zucker würzen. 100 ml Wasser und den Apfelsaft angießen. Die Zimtstange, den Sternanis und die abgetropften Sultaninen zufügen. Den

PREISELBEERMEERRETTICH

20 g Meerrettich, aus dem Glas
100 ml geschlagene Sahne
20 g Preiselbeeren (siehe Grundrezept S. 272)

STEINPILZE

2 Steinpilze
3 EL geklärte Butter (siehe Grundrezept S. 272)
1 Zweig Thymian
1 Zweig Rosmarin
Salz
frisch gemahlener schwarzer Pfeffer

Kürbis bei schwacher Hitze bissfest dünsten, mit einem Schaumlöffel aus dem Sud nehmen und beiseite stellen.

Den Sud mit Balsamico und Walnussöl abschmecken und lauwarm über die Kürbisstücke geben. Die Pinienkerne in einer Pfanne ohne Fettzugabe rösten, grob hacken und mit der geschnittenen Minze unter den Kürbissalat mischen.

PREISELBEERMEERRETTICH

Den Meerrettich mit den Preiselbeeren verrühren und die geschlagene Sahne unterziehen.

STEINPILZE

Die Steinpilze mit einem feuchten Tuch vorsichtig putzen und halbieren. Die Butter in einer Pfanne erhitzen, und die Steinpilze zusammen mit den Kräutern von beiden Seiten hellbraun anbraten. Auf Küchenpapier abtropfen lassen und mit Salz und Pfeffer würzen.

ANRICHTEN

Den Hirschschinken in hauchdünne Scheiben schneiden und mit dem Kürbissalat und den warmen Steinpilzen anrichten. Mit etwas Preiselbeermeerrettich garnieren.

TIPP: Für diese Menge können Sie einen ganzen Kürbis ohne Reste verarbeiten. In einem Einmachglas ist der Salat im Kühlschrank mindestens 14 Tage haltbar.

Der Jäger im Nationalpark Berchtesgaden, Ernst Schellmoser, und Andreas Schinharl schlagen ein Reh aus der Decke. Im Nationalpark wird ausschließlich zur Regulierung des Tierbestandes gejagt. Nach alter Tradition wird dem Tier zur letzten Äsung ein Kräuterbüschel ins Maul gelegt und ein Kreuz mit Blut auf die Stirn gezeichnet. In der Jagdhütte, mitten im »Steinernen Meer« gelegen, hat schon Ludwig Ganghofer genächtigt.

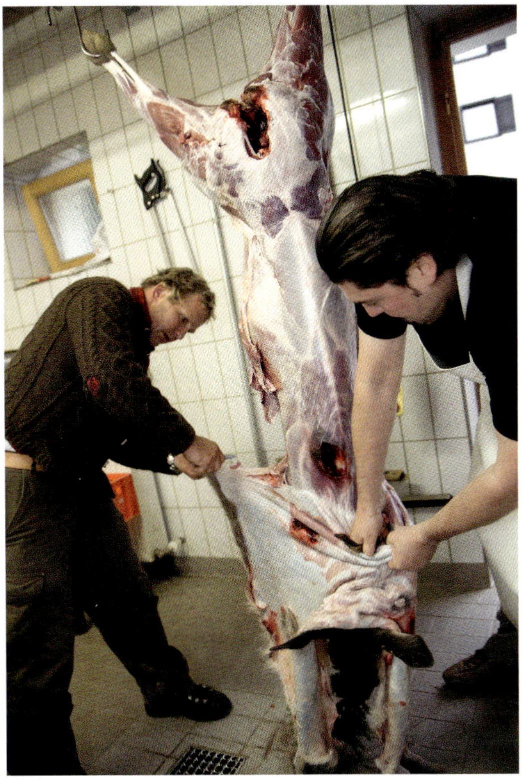

SCHINHARLS SCHWARZWURSTSALAT

ROTWEIN-SENF-DRESSING

1 EL Schalotten, fein gewürfelt
200 ml Rotwein, trocken
100 ml roter Portwein
4 EL Rotweinessig
1 Zweig Thymian, 1 Zweig Bohnenkraut
1 Eigelb
1 TL Dijonsenf
1/2 TL Salz
frisch gemahlener schwarzer Pfeffer
100 ml Sonnenblumenöl

SCHWARZWURSTSALAT

1 große Handvoll Friséesalat
1 Kopf Radicchio di Treviso
100 g Kartoffeln, in 0,5 x 0,5 cm große Würfel geschnitten
200 g grüne Prinzessbohnen
100 g Perlzwiebeln, frisch
1/2 TL Waldhonig
400 g Schwarzwurst (geräucherte Blutwurst)
50 g getrocknete Tomaten (siehe Grundrezept S. 265)
1 EL Olivenöl
1 Apfel (Boskop)
1 Knoblauchzehe, gehackt
1 Zweig Estragon
1 Zweig Kerbel
1 Zweig blühender Thymian
Kümmel, gemahlen
Meersalz, gemahlener schwarzer Pfeffer
4 Kapuzinerkresseblüten

ROTWEIN-SENF-DRESSING

Die Schalottenwürfel zusammen mit dem Rotwein, dem Portwein und dem Rotweinessig in einem kleinen Topf mit Thymian und Bohnenkraut auf die Hälfte einkochen. Den abgekühlten Sud in eine Schüssel geben, und das Eigelb und den Senf unterrühren. Mit Salz und Pfeffer würzen. Das Sonnenblumenöl mit dem Schneebesen tröpfchenweise einrühren, bis eine cremige Sauce entsteht.

SCHWARZWURSTSALAT

Die Friséesalatblätter und den Radicchio waschen, gut trocken schleudern und kleinzupfen.

Die Kartoffelwürfel und die geputzten Bohnen nacheinander in kochendem Salzwasser bissfest kochen und in Eiswasser abschrecken. Die Perlzwiebeln schälen und in heißem Olivenöl kurz anbraten, anschließend den Honig zugeben und glacieren.

Die Schwarzwurst längs halbieren und in dünne Scheiben schneiden. Die Bohnen der Länge nach halbieren und mit den Kartoffelwürfeln, den Perlzwiebeln, den klein geschnittenen getrockneten Tomaten und der Wurst in eine Schüssel geben. Mit einem Drittel des Rotwein-Senf-Dressings etwa 10 Minuten marinieren.

Den Apfel schälen, grob reiben und mit dem Knoblauch und den gewaschenen, gezupften Kräutern in die Schwarzwurstmischung geben. Mit Salz, Pfeffer und gemahlenem Kümmel abschmecken.

ANRICHTEN

Den Schwarzwurstsalat auf Teller verteilen. Den Blattsalat darauf anrichten und mit etwas Meersalz und Pfeffer würzen. Das restliche Dressing großzügig darüber verteilen und mit Kapuzinerkresseblüten garnieren.

BAYRISCH TATAR MIT LANDEI AUF GERÖSTETEM BAUERNBROT UND HAUSGEMACHTEM ESSIGGEMÜSE

SAHNEMEERRETTICH

10 g Meerrettich, frisch und fein gerieben
Saft von einer 1/2 Bio-Zitrone
30 g geschlagene Sahne
Salz
frisch gemahlener schwarzer Pfeffer

BAUERNBROT

4 Scheiben Bauernbrot

TATAR

400 g Rindertatar, fein durch den Fleischwolf gedreht
etwas Zucker
50 g Ketchup
10 g mittelscharfer Senf
10 g süßer Senf
5 g Meerrettich, frisch gerieben
30 g Essiggurken, gehackt
1 Msp. rote Chilischote, sehr fein gehackt
1 TL Paprikapulver, edelsüß
5 g Kapern
1 EL Olivenöl
Salz
frisch gemahlener schwarzer Pfeffer
1 Schalotte, fein gehackt
3 EL Butterschmalz

LANDEI

4 Landeier, Bioqualität

SAHNEMEERRETTICH

Den geriebenen Meerrettich mit dem Zitronensaft marinieren und mit der geschlagenen Sahne vermischen. Mit etwas Salz und Pfeffer abschmecken und kühl stellen.

BAUERNBROT

In einer Pfanne das Bauernbrot in etwas Butterschmalz rösten und auf einem Tuch abtropfen lassen.

TATAR

Das Tatarfleisch in einer Schüssel mit einer Prise Zucker kurz ziehen lassen. Ketchup, Senf, Meerrettich, Essiggurken, Chilischote, Paprikapulver und Kapern mit Olivenöl, Salz, Pfeffer und etwas Zucker in der Küchenmaschine pürieren und mit dem Fleisch vermengen. Die Schalottenwürfel unter die Fleischmasse mischen.

Das Tatar in vier gleich große Pflanzerl formen und in einer Pfanne mit etwas Butterschmalz kurz von beiden Seiten scharf anbraten und beiseitestellen.

LANDEI

In der gleichen Pfanne wie das Tatar die Spiegeleier mit etwas Butterschmalz braten. Mit Salz und Pfeffer leicht würzen.

ESSIGGEMÜSE

Das Gemüse waschen, schälen und in kleine, mundgerechte Stückchen schneiden. Die Silberzwiebeln und die Gurken ganz lassen.

Den Weinessig, den Weißwein, das Olivenöl mit den Gewürzen und Kräutern aufkochen und 5 Minuten leicht köcheln. Das Gemüse dazugeben und einmal kurz aufkochen lassen.

ESSIGGEMÜSE

100 g Karotten

100 g Staudensellerie

100 g Blumenkohl

100 g rote Paprika

100 g gelbe Paprika

8 scharfe Tomatenchilis (tomatenförmige, milde Chilisorte)

100 g frische Champignons, geputzt

100 g Silberzwiebeln

100 g rohe kleine Essiggurken

1,25 l Weißweinessig

0,5 l Weißwein, trocken

25 ml Olivenöl

1/2 TL Salz

1 TL Zucker

2 Lorbeerblätter, frisch

3 Gewürznelken, ganz

10 weiße Pfefferkörner

25 gelbe Senfkörner

1 Zweig Rosmarin

2 Zweige Thymian

Das kochend heiße Gemüse mit dem Sud in vorgewärmte Einweckgläser abfüllen und die Gläser sofort verschließen. Einen großen Topf mit einem Küchentuch auslegen, die Gläser daraufstellen und bis zum Gläserrand mit siedendem Wasser auffüllen. Die Gläser bei niedriger Temperatur auf dem Herd 5 bis 8 Minuten sieden lassen. Anschließend vorsichtig herausnehmen und auf den Deckel stellen. Langsam auskühlen lassen. Das Essiggemüse ist im Kühlschrank ca. 1 Monat haltbar.

ANRICHTEN

Die Tatarpflanzerl auf das geröstete Bauernbrot legen, mit dem Sahnemeerrettich bestreichen und das Spiegelei darauf anrichten. Das eingelegte Essiggemüse rundum anrichten.

TIPP: Das Essiggemüse lässt sich sehr gut auf Vorrat zubereiten und eignet sich hervorragend als Beilage für kalte Brotzeitgerichte oder Gegrilltes.

Reservierung

VOGERLSALAT MIT LEITZACHTALER ZIEGENKÄSE, THYMIAN-HONIG-DRESSING UND SCHWARZEN NÜSSEN

THYMIAN-HONIG-DRESSING

100 ml Rinderbouillon (siehe Grundrezept S. 246)
2 EL Blütenhonig
50 ml weißer Balsamicoessig
50 ml Rapsöl oder anderes Öl
2 Zweige Thymian, frisch gehackt
Salz

SCHWARZE NÜSSE

500 g grüne Walnüsse (der Kern darf sich noch nicht abzeichnen)
Abrieb und Saft von 1/2 Bio-Zitrone
475 g Zucker
1 kleine Zimtstange
1/2 TL Gewürznelken, gemahlen
5 g Ingwer, frisch und fein gerieben

200 g gemischte Salatblätter für die Garnitur (Feldsalat, Friséesalat, Rote-Bete-Blätter)

LEITZACHTALER ZIEGENKÄSE

400 g Ziegenkäse aus dem Leitzachtal (Bezugsquelle siehe Produzentenverzeichnis, alternativ anderer Ziegenkäse)

THYMIAN-HONIG-DRESSING

Die Rinderbouillon kurz in einem Topf lauwarm erwärmen und den Honig einrühren. Anschließend in eine Schüssel gießen und den Balsamicoessig einrühren. Thymian zugeben und mit Salz abschmecken. Das Öl nach und nach mit einem Schneebesen oder einem Mixstab unterrühren.

SCHWARZE NÜSSE

Die Schale der Walnüsse mit einer Spicknadel mehrmals einstechen. Die Nüsse in einer Schüssel mit leicht gesalzenem Wasser bedecken und 10 Tage einweichen lassen. Dabei das Wasser täglich wechseln.

Nach 10 Tagen die Nüsse herausnehmen und in frischem Salzwasser etwa 7 Minuten köcheln. 750 ml Wasser mit dem Zitronenabrieb, dem Zitronensaft, dem Zucker, der Zimtstange, den Nelken sowie dem Ingwer in einem kleinen Topf sirupartig einkochen. Die gekochten Nüsse in den Sirup geben und darin weich kochen. Anschließend mit dem Sirup in Weckgläser füllen und sofort verschließen. Kühl und dunkel gelagert sind die Nüsse mindestens 5 Wochen haltbar.

TIPP: Bei der Verarbeitung ist es sinnvoll, Einweghandschuhe zu tragen, da die Nüsse braun abfärben.

ANRICHTEN

Den Salat waschen, gut abtropfen lassen, fein schneiden und auf einem Teller anrichten. Den Ziegenkäse in 8 gleichmäßig dicke Scheiben schneiden und je 2 Scheiben auf einem Teller anrichten. Die schwarzen Nüsse dazulegen und den Salat sowie den Käse mit dem Thymian-Honig-Dressing beträufeln.

Bierkäse – vom Prototyp zum Fein-Tuning

Eine wirklich perfekte Kulisse: felsige Berghänge, grüne Hügel, mittendrin ein weiß getünchtes Bauernhaus, geschmückt mit roter und weißer Blumenpracht, die von den Balkonen grüßt – so präsentiert sich der Langerhof der Familie Orterer in der Jachenau. In dem 1858 erbauten Einfirsthof sind nicht nur Feriengäste willkommen, sondern Josef Orterer betreibt auch eine Hofkäserei. Die Milch liefern die eigenen Kühe, die auf den Weiden auf 840 Meter Höhe grasen. Dort gibt es noch Wiesen, auf denen Schafgarbe, Sauerampfer, Knoblauchsrauke, Löwenzahn und Gänseblümchen wachsen – ohne Dünger. Dass die Tiere würzige Wiesenkräuter wiederkäuen, Bewegung und frische Luft haben, merkt man auch der Qualität der Milch an. Diese Milch ist die Grundlage für den Wies'n-Käse-»Rohling«, der auf dem Brotzeitbrett'l in der Käfer Wies'n-Schänke serviert wird.

Dafür werden der frischen Rohmilch zunächst Bakterien zugesetzt, die den Milchzucker in Milchsäure umwandeln. Hier ist Geduld beim Rühren gefragt. Ab einem bestimmten Säuregehalt kommt das Lab hinzu. Das sind Enzyme, die je nach Käseart aus der Magenschleimhaut von Kälbern, Lämmern oder Ziegen stammen. Für Industriekäse wird künstlich hergestelltes Lab verwendet. Diese Enzyme spalten das Casein (Milcheiweiß) und lassen die Milch gerinnen. Die Masse wird mit einer Käseharfe geschnitten, je häufiger, desto fester wird der fertige Käse am Ende. Der Wies'n-Käse ist ein halbfester Schnittkäse und wird somit öfter und kräftiger geschnitten. Das Schneiden setzt Molke frei, die sich oben absetzt. Der körnige Käsebruch verklumpt am Boden des Kessels zu einer festen Masse. Abgefüllt in Formen wird der Bruch fest und reift.

Das Fein-Tuning, das den relativ geschmacksneutralen Käserohling zum hocharomatischen Wies'n-Käse macht, findet während des Reifungsprozesses statt. Zuständig dafür ist Wolfgang Hofmann vom Tölzer Kasladen, der sich auf die hohe Kunst der Käse-Affinage, der Veredelung von Käse, versteht. Für den Geschmack und auch für die Optik sind Rotschmierbakterien verantwortlich. Die Bakterien gelangen durch das Schmierwasser, mit dem der Käse die ersten beiden Wochen der Reifephase gewaschen wird, auf die Rinde und verarbeiten die Milch weiter. So entsteht die rote Farbe und der typische »strenge« Geruch und Geschmack.

Bezüglich der Geschmacksverfeinerung musste nicht lange überlegt werden. Denkt man an das Oktoberfest, denkt man gleichzeitig an Bier. Was also liegt näher, als einen Bierkäse für die Wies'n zu machen? Die Verbindung von Rotschmierkulturen und Bier klappte jedoch nicht auf Anhieb. Die ersten Bierkäse-Prototypen schmeckten fast wie eine abgestandene Maß Bier, die ein müder Oktoberfestbesucher kurz vor der Sperrstunde stehen gelassen hat: schal, bitter und ungenießbar. So wurde getüftelt, bis die richtigen Bakterien gezüchtet waren, die mit dem Bier harmonierten.

Acht Wochen lang reift der Bierkäse in einer Kammer und wird täglich mit Bier affiniert, das heißt eingerieben (siehe S. 191) – der ausbalancierte Biergeschmack ist der Lohn für die Mühe und überzeugt sogar Nicht-Biertrinker.

ROTTALER KARTOFFELKÄS

400 g vorwiegend festkochende Kartoffeln (geeignete Sorten: Selma, Agata, Sieglinde)
Salz
1 TL Kümmel, ganz
6 EL Butter
1 Zwiebel, gewürfelt
50 g Roggenburger Bio-Landfrischkäse (Rahmstufe 25 %) (Bezugsquelle siehe Produzentenverzeichnis, oder im Feinkostgeschäft erhältlich)
150 g Sauerrahm
Cayennepfeffer
Kümmel, gemahlen
Muskatnuss, frisch gerieben
frisch gemahlener schwarzer Pfeffer
2 EL Schnittlauchröllchen
1 TL Majoran, frisch gezupft

Die Kartoffeln waschen und in Salzwasser mit dem ganzen Kümmel weich kochen. Anschließend sofort pellen und noch heiß durch eine Kartoffelpresse drücken.

2 EL Butter in einer Pfanne erhitzen und die Zwiebeln darin farblos anschwitzen. 4 EL Butter in einem kleinen Topf erhitzen, bis sie eine hellbraune Farbe annimmt und durch ein Blatt Küchenpapier passieren.

Die Zwiebeln, den Landfrischkäse und den Sauerrahm vorsichtig unter die Kartoffeln rühren und mit der braunen Butter vermischen. Mit je 1 Prise Cayennepfeffer, Kümmel, Muskatnuss, Salz und Pfeffer abschmecken. Den Schnittlauch und Majoran einrühren, und die Masse etwa 15 Minuten ziehen lassen. Kurz vor dem Servieren nochmals umrühren und gegebenenfalls abschmecken.

HOFERER METTWURST

240 g Schweinebauch, roh und leicht geräuchert
360 g Schweineschulter
1 Knoblauchzehe, klein geschnitten
Pökelsalz
frisch gemahlener schwarzer Pfeffer
Kümmel, frisch gemahlen
4 cl Jamaika Rum

Den Schweinebauch und die Schweineschulter kleinschneiden und durch die 5-mm-Lochscheibe des Fleischwolfs drehen. Den Knoblauch untermischen. Nach Belieben mit Pökelsalz, schwarzem Pfeffer, Kümmel und dem Rum abschmecken und in Einmachgläser abfüllen. Die Wurst hält sich im Kühlschrank bis zu 5 Tage.

EINGELEGTER SUFFERNER ZIEGENKÄSE

400 g Sufferner Ziegenfrischkäse oder anderer Ziegenfrischkäse
1 frische rote Chilischote
1 großer Steinpilz
25 g Thymian, frisch
25 g Rosmarinnadeln, frisch
1 Knoblauchzehe
300 ml sardisches Olivenöl

Den Ziegenfrischkäse in gleich große Kugeln formen. Die Chilischoten der Länge nach einschneiden, sodass sie am oberen Ende noch zusammenhalten.

Den Steinpilz mit einer Bürste oder einem Pinsel reinigen, vierteln und in einer Pfanne mit 1 EL Olivenöl kurz anbraten. Mit Salz und Pfeffer würzen. Auf einem Tuch abtropfen lassen.

Den Knoblauch schälen, und die Zehe mit einem Messer leicht flach drücken.

Die Käsekugeln in ein Einmachglas geben. Die Kräuter, die Chilischote und den Knoblauch zufügen und den Steinpilz darauflegen. Mit dem Olivenöl begießen und das Glas verschließen. Den Käse für mindestens 3 Tage an einem kühlen und dunklen Ort marinieren.

Die Ziegen von Suffers finden allein von der Alm in ihren Stall zurück und werden dort gemolken. In der Käserei schöpft Käser Zinsle per Hand die Molke ab. Der von der Molke getrennte Käsebruch reift am Ende im optimal temperierten Felsenkeller.

ENNEREI SUFERS

Wos Zünftigs z'erst

Suppen

Bayrische Küche – alles, nur nicht altbacken

Laptop und Lederhosen – Synonym für die Verbindung von technischem Fortschritt und Tradition im modernen Bayern. Die bayrische Küche hingegen gilt landläufig als wenig modern, sondern derb, gehaltvoll und schwer. Das ist nicht verwunderlich, war Bayern früher das Armenhaus Deutschlands, geprägt von Land- und Forstwirtschaft. Die Bauern hatten nicht viel und mussten mit dem haushalten, was zur Verfügung stand – und das war in jeder Region verschieden.

Der fränkische Aischgrund in Nordbayern zum Beispiel ist bekannt für seine Fischzucht. Der Grund dafür sind die Tonböden, die verhindern, dass das Wasser versickert. So entstanden unzählige Teiche wie zum Beispiel im Aischgrund. Die sumpfige Landschaft und die Bodenbeschaffenheit machten den Anbau von Gemüse und Früchten schwierig und so konzentrierte man sich auf die Bewirtschaftung der Teiche. Daher stand und steht Fisch noch heute häufig auf der Speisekarte (siehe Rezept Aischgrunder Karpfen S. 84). Im Nordwesten hingegen wurden die sonnenverwöhnten Hänge des Taubertals schon im 11. Jahrhundert für den Weinbau genutzt. Der fränkische Wein wird längst international geschätzt.

Am Rande der Alpen, im Allgäu, bieten sich die saftigen Weiden der Hügel- und Berglandschaft für die Milchwirtschaft an. Doch so schön die Landschaft auch sein mag, reiche Großbauern gab es dort eher selten. Und so bestehen die regionalen Spezialitäten wie Krautspätzle, Schupfnudeln oder Maultaschen aus Zutaten, die günstig sind und schnell satt machen: Mehl und Eier.

Das Donaudelta im bayrischen Südosten hingegen ist die Kornkammer Bayerns. Die fruchtbaren Lössböden sind ideal für den Getreide- und Gemüseanbau. Der Gäubodenspargel findet jedes Jahr begeisterte Abnehmer. Anfang des vergangenen Jahrhunderts kamen nicht wenige Bauern dieser Region zu Wohlstand und leisteten sich öfter, nicht nur an großen Feiertagen, ein Stück Fleisch.

Der Hauptfleischlieferant war überall das Schwein. Denn Schweine sind relativ pflegeleicht und lassen sich gut mästen. Kein Wunder, dass die Schweinshaxe als *das* bayrische Nationalgericht gilt. Kleinbauern hielten jedoch meistens Kleinvieh wie Enten, Gänse oder »Eisenbahnerkühe«, die Ziegen. Platz für große Tiere wie Rinder war Mangelware, obwohl Rind- und Kalbfleisch vor allem in der Stadt beliebt waren. Verwertet wurde alles, was an dem Tier zu gebrauchen war, vom Kopf über die Innereien bis zum Fuß. Das schlägt sich in Gerichten mit Kalbskopf, Kalbszunge oder Kalbsleber nieder, die heute zu den Delikatessen der bayrischen Küche zählen. Innereien und Blut wurden sofort nach dem Schlachten zu Blut- und Leberwurst verarbeitet, Fleischreste durch Räuchern haltbar gemacht. Das einzige Gemüse, das regelmäßig auf den Tisch kam, war Kraut: Sauerkraut oder Blaukraut. Die klassische Beilage: Kartoffeln.

In früherer Zeit war diese schwere Kost für die körperlich arbeitende Bevölkerung durchaus sinnvoll. Die Arbeits- und Essgewohnheiten haben sich im 21. Jahrhundert zwar deutlich geändert, aber auf die natürlich gewachsenen kulinarischen Traditionen möchte kein Bayer gerne verzichten. Und pragmatisch wie die Bayern sind, kombinieren sie nicht nur Tracht und Technik, sondern auch eine Kalbshaxe mit karamellisierten Gärtnerkarotten oder ein Rinderherz mit Romanesco.

Handwerklich herausfordernd ist die bayrische Küche allemal, auch für Profis wie Andreas Schinharl: »Wenn du sagst, du arbeitest im – sagen wir mal ›Wirtshaus zum rostigen Nagel‹ – dann heißt es: ›Ach ja, der ist halt Koch.‹ Wobei die echte, traditionelle Küche zum Teil wesentlich mehr mit Kochen zu tun hat, als die heutige moderne.« Ein Steak oder Spargel zu braten, ist nicht schwer. Da entscheidet hauptsächlich die Produktqualität über das Endergebnis. »Aber einen frischen Schweinebraten mit einer richtigen Sauce, Spanferkel oder Hirsch zuzubereiten, das setzt zusätzlich großes handwerkliches Können voraus. Das ist mit Sicherheit schwieriger.« Schinharl spricht aus Erfahrung. In seiner Metzgerlehre lernte er nicht nur solides Handwerk, sondern auch traditionelle Spezialitäten kennen, die es so kaum noch gibt.

»Am Samstag hat mein Lehrmeister mir außergewöhnliche Sachen gezeigt, zum Beispiel, wie man eine echte Milzwurst macht. Das lernt man sonst nirgends. Man schneidet eine Kalbsmilz auf und füllt sie mit einer Kalbsfarce aus Pistazien. Ein sehr hochwertiges Produkt. Aber man braucht eine gewisse Fertigkeit, um das zu machen. Man muss die Milz richtig schneiden, dann ins Schweinenetz einschlagen, füllen, den Schinken für die Schinkenwürfel machen und alles richtig zu einer Wurst binden.« Das Rezept finden Sie auf S. 59. Die Gerichte aus Großmutters Küche, die einige vielleicht noch aus ihrer Kindheit kennen, die gilt es neu zu entdecken und von ihrem verstaubten Image zu befreien. Die Zutaten dafür wachsen frisch vor der Haustüre. Das, was Landschaft und Natur hervorgebracht haben, daraus ist jede regionale Küche gewachsen. Regionale Küchentraditionen und Produkte gibt es nicht nur in Bayern, sondern überall. »Bayern ist nur mein Schwerpunkt, weil ich dort herkomme.«

AUFGESCHMOLZENE BROTSUPPE

300 g Bauernbrot
200 ml geklärte Butter
1 Zweig Thymian
1 Salbeiblatt
2 Zweige Majoran
5 Schalotten, in Ringe geschnitten
Salz
frisch gemahlener schwarzer Pfeffer
100 g frische Pfifferlinge
1 EL Butterschmalz
1 l Rinderconsommé (siehe Grundrezept S. 247)
1 junger Frühlingslauch, in feine Ringe geschnitten

Das Bauernbrot in 3 x 3 cm große Würfel schneiden und in einer Pfanne in 150 ml geklärter Butter dunkelbraun und kross anrösten. Anschließend auf Küchenpapier das Fett gut abtropfen lassen. Thymian, Salbei und 1 Zweig Majoran abzupfen und fein hacken. In einer Pfanne mit der restlichen Butter die Schalottenringe mit den gehackten Kräutern hellbraun anschwitzen. Mit Salz und Pfeffer würzen.

Die geputzten Pfifferlinge in heißem Butterschmalz anschwitzen und mit Salz und Pfeffer würzen.

Die Brotwürfel und die Schalotten in Suppentassen verteilen und mit der kochend heißen Consommé aufgießen. Die Pfifferlinge und die Frühlingslauchringe verteilen. Mit den restlichen gezupften Majoranblättchen garnieren und sofort heiß servieren.

MILLIRAHMSUPPE MIT KARTOFFELNOCKEN UND SAUTIERTEN PFIFFERLINGEN

MILLIRAHMSUPPE

2 Schalotten
1/2 Knoblauchzehe
75 g Butter
20 g Weizenmehl Type 405
350 ml Rinderbouillon oder -consommé
(siehe Grundrezept S. 246, 247)
350 ml Sahne
350 ml Buttermilch
Salz
frisch gemahlener weißer Pfeffer
Muskatnuss, gemahlen

PFIFFERLINGE

1 Frühlingslauchzwiebel
200 g Pfifferlinge
1 EL Sonnenblumenöl
1 EL Butter
Salz
frisch gemahlener schwarzer Pfeffer

BRANDTEIG

70 ml Milch
50 g Butter
100 g Weizenmehl Type 405
1 Msp. Backpulver
2 Eier
1 Eigelb

MILLIRAHMSUPPE

Die Schalotten schälen und in feine Würfel schneiden, Knoblauch schälen und fein hacken. Die Butter in einem Topf erhitzen und die Schalottenwürfel und den Knoblauch darin glasig anschwitzen. Das Mehl über die Schalottenwürfel sieben und mit einem Kochlöffel gleichmäßig Rühren, bis eine glatte Masse entsteht und sich am Topfboden ein weißer Belag bildet (abbrennen lassen).

Mit der Rinderbouillon aufgießen und aufkochen, bis die Flüssigkeit eindickt. Dann die Sahne zugeben und nochmals aufkochen. Den Topf vom Herd nehmen und mit einem Schneebesen oder Stabmixer die Buttermilch unterrühren. Die Suppe nochmals kurz auf dem Herd erwärmen, aber nicht mehr kochen. Mit Salz, Pfeffer und Muskatnuss abschmecken.

PFIFFERLINGE

Die Lauchzwiebel waschen und in feine Ringe schneiden.

Die Pfifferlinge mit einem Tuch oder einem Pinsel trocken säubern. Größere Pilze halbieren oder vierteln. Alle Pfifferlinge sollten etwa die gleiche Größe haben. Das Öl in einer Pfanne erhitzen, und die Pfifferlinge darin anbraten. Die Butter und die Frühlingszwiebelringe zugeben, mit Salz und Pfeffer würzen und kräftig durchschwenken.

Die Kartoffeln für die Kartoffelnocken schälen und in leicht gesalzenem Wasser weich kochen.

BRANDTEIG

Für den Brandteig die Milch mit der Butter in einem kleinen Topf erhitzen und das gesiebte Mehl mit dem Backpulver auf einmal in die kochende Flüssigkeit geben. Mit einem Kochlöffel die Masse kräftig glatt rühren und abbrennen

KARTOFFELNOCKEN

REZEPT FÜR 500 GRAMM KARTOFFELTEIG

375 g mehlige Kartoffeln
Salz
frisch gemahlener weißer Pfeffer
Muskatnuss, gerieben
1 EL Butter
1/2 TL Schnittlauchröllchen

lassen, bis sich am Topfboden ein weißer Belag bildet. Die abgebrannte Masse vom Herd nehmen, etwas auskühlen lassen, und die Eier und das Eigelb einzeln nacheinander unterrühren.

KARTOFFELNOCKEN

Die Kartoffeln abgießen und kurz ausdampfen lassen. Anschließend durch eine Presse in den Brandteig drücken und alles kräftig zu einem glatten Teig verarbeiten. Den Kartoffelteig mit Salz, Pfeffer und Muskat würzen und im Kühlschrank etwa 30 Minuten ruhen lassen.

Einen Topf mit Wasser aufkochen. Aus dem Kartoffelteig mit einem Esslöffel Nocken abstechen, und mit dem Finger vom Löffel lösen und ins kochende Wasser geben. Die Kartoffelnocken einmal aufkochen lassen und etwa 10 Minuten bei geringer Hitze ziehen lassen.

Die Butter in einer Pfanne hellbraun erhitzen. Die Kartoffelnocken mit einer Schaumkelle aus dem Wasser nehmen und in der heißen Butter anbraten. Mit Schnittlauch bestreuen und nochmals durchschwenken.

ANRICHTEN

Die Millirahmsuppe in Tassen oder Teller füllen, und die Kartoffelnocken sowie die Pfifferlinge dazugeben.

LEBERKNÖDELSUPPE

LEBERKNÖDEL

80 g Gänsestopfleber
1 Schalotte, fein gewürfelt
1/2 Knoblauchzehe, fein gewürfelt
3 EL Butter
80 ml Milch
180 g Knödelbrot, in Scheiben geschnitten
150 g Rinderleber, geputzt und durch den Fleischwolf gedreht
150 g Kalbsleber, geputzt und durch den Fleischwolf gedreht
1 Ei
Abrieb von 1 Bio-Zitrone
2 Zweige Majoran, gehackt
Salz
frisch gemahlener schwarzer Pfeffer
Muskatnuss gerieben

FÜR DIE SUPPE

1 l Rinderbouillon oder -consommé (siehe Grundrezept S. 246, 247)
1/2 Bund Schnittlauch, geschnitten

Aus der Gänsestopfleber 8 kleine Kugeln formen und kalt stellen.

Die Schalotten- und die Knoblauchwürfel in einem Topf in der Butter leicht braun anschwitzen. Mit der Milch aufgießen und mit Salz, Pfeffer und Muskatnuss würzen. Das Knödelbrot in eine Schüssel geben, und die heiße Milch gleichmäßig darübergießen. Mit einem Tuch oder einer Folie abdecken und 30 Minuten einweichen lassen.

Die zerkleinerte Rinder- und die Kalbsleber, das Ei, den Zitronenabrieb und den gehackten Majoran unter das Knödelbrot mischen und die Masse gut durchkneten. Nach Belieben mit Salz, Pfeffer und Muskat nachwürzen.

Etwas Knödelmasse mit den angefeuchteten Händen zu einer Kugel formen. In die Mitte ein kleines Loch drücken, eine Kugel der Gänsestopfleber hineingeben und mit etwas Knödelmasse verschließen. Auf diese Weise gleich große Knödel abdrehen und im Kühlschrank kalt stellen. Die Knödel 2 Minuten in sprudelnd kochendes Salzwasser geben und kurz aufkochen. Danach 15 Minuten bei mittlerer Hitze ziehen lassen, dabei nicht mehr kochen.

Die Bouillon oder Consommé aufkochen, in Suppenteller geben und die Knödel hineinlegen. Mit dem Schnittlauch bestreuen.

RINDSSUPPE MIT ALTBAYRISCHER MILZWURST

2 Kalbsmilzen (davon 1 Milz mit unbeschädigter Außenhaut)
100 g Hinterkochschinken am Stück
50 Pistazienkerne, geschält
2 Zweige Blattpetersilie, gehackt
800 g Kalbsfarce (siehe Grundrezept S. 262)
Salz
frisch gemahlener schwarzer Pfeffer
1 Schweinenetz, 24 Stunden gewässert (erhältlich beim Metzger)
1 l Rinderconsommé (siehe Grundrezept S. 247)

Mit einem langen, biegsamen Messer vorsichtig eine Tasche in eine Milz schneiden, ohne die Außenhaut zu verletzen, und auswaschen. Sie können die Milz auch vom Metzger vorbereiten lassen. Die andere Milz 30 Minuten in Salzwasser kochen und in kaltem Wasser abkühlen lassen.

Die gekochte Milz und das Stück Hinterschinken in ca. 1 x 1 cm große Würfel schneiden. Beides mit den Pistazien und der Petersilie unter die Kalbsfarce mischen. Mit Salz und Pfeffer würzen.

Das Schweinenetz ausbreiten, mit einem sauberen Tuch bedecken und mit einem Nudelholz trocken walzen. Das Tuch entfernen und die Kalbsfarce auf dem Schweinenetz verteilen. Alles zu einer Wurst zusammenrollen. Die Schweinenetzrolle vorsichtig in die eingeschnittene Milztasche schieben. Die gefüllte Milz mit Küchengarn verschnüren und in leicht gesalzenem Wasser etwa 45 Minuten sieden lassen.

Die Milzwurst aus dem Wasser nehmen, das Küchengarn entfernen und in Scheiben schneiden. Mit der heißen Rinderconsommé servieren.

TIPP: Diese traditionelle echte Milzwurst, in einer Milz eingeschlagen, wird gerne als Suppeneinlage hergenommen, kann aber auch gebraten, paniert oder gebacken mit Kartoffelsalat serviert werden. Heute wird als Milzwurst meist eine Kalbswurst mit Milzwürfeln gespickt angeboten.

Geselchtes – Handwerk und Tradition aus Niederbayern

Regionale Spezialitäten, wie das über seine niederbayrischen Grenzen hinaus bekannte Geselchte, das Schwarzgeräucherte, haben oft eine lange Tradition.

Um Fleisch haltbar zu machen, ist das Räuchern schon seit Urzeiten bekannt. Die Bauern im Bayerischen Wald hatten da so ihre eigene Methode. Das Fleisch war meist ein Wammerl (Bauch), ein Stück von der Schulter oder vom Nacken. Eingerieben mit Pökelsalz wurde es für einige Wochen in einem Holztrog gesurt (gepökelt). Zerstoßene Wacholderbeeren, geschnittene Zwiebeln und Knoblauch gaben zusätzliches Aroma. Das wird auch heute noch so gemacht, zumindest bei der *Metzgerei Mader* in Hengersberg. Ungefähr 30 % des Wassers sollten dabei entzogen werden, damit das Fleisch später haltbar und nicht zu wässrig ist. Bleibt zu viel Wasser im Gewebe zurück, entsteht ein grauer Stern im Kern des Fleischstücks, und es verdirbt. Wie so oft, ist auch hier die Qualität entscheidend. Mader bezieht sein rohes Fleisch von den Bauern der Umgebung und achtet auf Top-Qualität. Denn ohne ein gutes Grundprodukt, gibt es auch kein gutes Endprodukt. Das wissen natürlich seine Kunden. So war die BSE-Krise für ihn positiv, denn statt nur auf den Preis zu achten, wollten die Leute sichergehen, dass ihre Ware einwandfrei ist, und ihm vertrauten sie.

Nach dem Einsuren mit Pökelsalz und Gewürzen kommt das Fleisch in den »Selch«, den Räucherofen. Früher hängte man es einfach in den Kamin. Der Rauch vom Feuerholz färbte die Außenseite des Fleisches schwarz und gab ihm so den Namen: Schwarzgeräuchertes.

Die *Metzgerei Mader* räuchert das Surfleisch anfangs ein bis zwei Tage kalt bei 25 °C über Kienholz. Das Harz in den Kiefernholzspänen erzeugt beim Verbrennen den Rauch, der die Außenhaut schwärzt und das typische rauchige Aroma verleiht. Heißer darf es nicht sein, sonst stockt das Eiweiß. Erst beim zweiten Räuchern über Buchenholzspänen wird der Räucherofen auf 80 °C angeheizt, um jedem Zenterling (ein Stück Schwarzgeräuchertes, ca. 1 Kilogramm) Geselchten den letzten Schliff zu geben.

Metzgermeister Josef Mader fing 1986 mit einem kleinen Laden in der Doppelgarage seines Wohnhauses an. Dass er und sein Sohn exzellentes Schwarzgeräuchertes machen, hat sich mittlerweile nicht nur in den umliegenden gastronomischen Betrieben herumgesprochen. Auch Andreas Schinharl bestellt jedes Jahr aufs Neue für die Käfer Wies'n-Schänke die Spezialität aus seiner Heimat bei der Metzgerei Mader. Produkte wie das Schwarzgeräucherte aus Niederbayern sind nicht nur ein Aushängeschild für die Region, sondern sind einzigartig und in dieser Form nicht überall zu bekommen.

BLAUKRAUTSUPPE MIT HAUSGEMACHTEN ENTENBRATWÜRSTL

BLAUKRAUTSUPPE

1 Kopf Blaukraut (ca. 800 g geschnittenes Kraut)
1 Apfel (Boskop)
1 EL Zitronensaft
1 EL Entenfett oder Butter
3 Schalotten, gewürfelt
1-2 Knoblauchzehen, in Scheiben geschnitten
etwas Orangensaft zum Ablöschen
1 EL Preiselbeeren, eingelegt (siehe Grundrezept S. 272)
800 ml Rinderbrühe oder -consommé (siehe Grundrezept S. 246, 247)
300 ml Sahne
Salz, frisch gemahlener schwarzer Pfeffer
Zucker
2 EL Himbeeressig
30 g kalte Butterflocken

BLAUKRAUTSUPPE

Die äußeren Blätter vom Blaukrautkopf entfernen. Das Kraut vierteln, den Strunk herausschneiden und in feine Streifen schneiden. Den Apfel schälen, vierteln und die Kerne entfernen. Die Viertel in Scheiben schneiden und mit Zitronensaft beträufeln, damit sie nicht braun werden.

In einem Topf das Entenfett erhitzen und die Schalotte und die Knoblauchscheiben glasig anschwitzen. Das Blaukraut und die Apfelscheiben zufügen und mit anschwitzen. Mit Orangensaft ablöschen und kurz etwas einkochen.

Die Preiselbeeren dazugeben. Alles mit der Rinderbrühe aufgießen und ca. 40 Minuten bei mittlerer Hitze köcheln lassen. Die Suppe mit einem Pürierstab oder einem Küchenmixer fein pürieren und durch ein Sieb gießen.

Die Sahne einrühren, und alles mit Salz, Pfeffer, Zucker und Himbeeressig abschmecken. Die Suppe aufkochen. Die Butterflocken mit dem Pürierstab schaumig einmixen.

TIPP: Geben Sie den Essig erst kurz vor Ende der Kochzeit in die Suppe, da sonst das feine Himbeeraroma verdampft.

ENTENBRATWURST

500 g Entenfleisch (Brust- und Keulenfleisch)
2 Majoranzweige
50 g Zwiebeln, fein gewürfelt
80 g Apfel (Boskop), geschält und fein gewürfelt
300 g Kalbsbrät (siehe Grundrezept S. 262 oder beim Metzger erhältlich)
Salz, frisch gemahlener schwarzer Pfeffer
1 cl Cognac
2 m Schafsdarm Kaliber 18/20 mm (erhältlich beim Metzger)
3 EL Sonnenblumenöl oder Speiseöl

ENTENBRATWURST

Die Entenbrust häuten. Die Haut in einer Bratpfanne auslassen, bis sie kross und braun ist. Das austretende Fett auffangen und beiseite stellen. Die Haut mit dem Entenfleisch durch einen Fleischwolf drehen. Das Fett erhitzen, und die Zwiebel- und Apfelwürfel darin glasig anschwitzen.

Das Entenhackfleisch mit dem Kalbsbrät und der lauwarmen Apfelmasse vermengen. Mit Salz, Pfeffer und Cognac abschmecken und mit einem Spritzbeutel in die Schafsdärme einspritzen. Die Därme nicht zu fest füllen, da sie sonst in der Pfanne aufplatzen. Das Ende des Darms verknoten und vorsichtig kleine Würstchen abdrehen.

Die Würstchen im Kühlschrank ca. 30 Minuten abkühlen lassen. Anschließend in heißem Öl goldbraun braten.

PICHELSTEINER MIT SPANFERKELKASSELER UND SPANFERKELBACKERL

SPANFERKELBACKERL

600 g Spanferkelbackerl, gepökelt
2 l Wasser
1 Lorbeerblatt
2 ganze Gewürznelken
3 Wacholderbeeren

PICHELSTEINER EINTOPF

200 g Kartoffeln
150 g Karotten
100 g Knollensellerie
100 g Romanesco
80 g Lauch
20 ml sardisches Olivenöl
1/2 Knoblauchzehe, fein gewürfelt
1,5 l Rinderbouillon (siehe Grundrezept S. 246)
1 Lorbeerblatt, frisch
1 Zweig Thymian
1 Zweig Majoran
Salz
frisch gemahlener schwarzer Pfeffer
4 Spanferkelkasseler
2 EL Butterschmalz

SPANFERKELBACKERL

Die Spanferkelbackerl mit den Gewürzen in einen Topf mit dem kalten Wasser geben und aufkochen lassen. Bei mittlerer Hitze etwa 30 Minuten leicht wallend gar kochen. Anschließend aus dem Sud nehmen und kalt abwaschen. Mit einem feuchten Tuch abdecken und beiseitestellen.

PICHELSTEINER EINTOPF

Die Kartoffeln, die Karotten und den Sellerie waschen, schälen und in Würfel schneiden. Von dem Romanesco kleine Röschen abtrennen und deren Strunk kreuzweise einschneiden. Den Lauch gründlich mit lauwarmem Wasser waschen und in 1,5 x 1,5 cm große Würfel schneiden.

Das Olivenöl in einem Topf erhitzen und darin die Karotten-, Kartoffel- und Selleriewürfel mit dem Knoblauch glasig andünsten. Mit der Rinderbouillon aufgießen. Alles bei mittlerer Hitze etwa 5 Minuten köcheln. Die Romanescoröschen, den Lauch, die Spanferkelbackerl und den gezupften Thymian und Majoran sowie das Lorbeerblatt zugeben.

Den Eintopf leicht köcheln lassen, bis er die gewünschte Konsistenz hat. Je länger er einkocht, desto dickflüssiger wird er.

In der Zwischenzeit in einer Pfanne die Spanferkelkasseler von beiden Seiten kurz in Butterschmalz anbraten.

ANRICHTEN

Den Pichelsteiner Eintopf in Suppentellern anrichten und die Spanferkelkassler und Spanferkelbackerl dazugeben.

TIPP: Zu diesem Gericht eignet sich hervorragend unser hausgemachter Estragonsenf.

BAYRISCHE BOUILLABAISSE MIT WEISSKRAUT, TOMATEN UND SAUERRAHM

4 mittelgroße Tomaten
1/4 Kopf Weißkraut
1 kleiner Romanesco
8 junge Lauchzwiebeln
500 g weiße Fischfilets, grätenfrei (Weißfische, z. B. Rotauge, Forelle, Zander, Waller, Brachse, Barbe)
Zitronensaft, frisch gepresst
Salz
1 l Fischfond (siehe Grundrezept S. 249)
20 ml sardisches Olivenöl
3 Zweige Dill
1 Zweig Majoran
1 Zweig Bohnenkraut
2 Zweige Zitronenthymian
5 g Kümmelsamen
8 Flusskrebsschwänze, gekocht und gepult
150 ml Sauerrahm
1 EL Zitronensaft von 1 Bio-Zitrone
frisch gemahlener weißer Pfeffer

Die Tomaten vom Strunk befreien und an der Unterseite kreuzweise einschneiden. In kochendem Wasser 30 Sekunden blanchieren und in Eiswasser abschrecken. Die Tomaten häuten, vierteln, das Kerngehäuse herausschneiden und in gleichmäßige Rauten von ca. 1 cm Kantenlänge schneiden.

Den Strunk vom Weißkraut abschneiden, die Blätter vorsichtig abtrennen und wie die Tomaten in gleich große Rauten schneiden.

Vom Romanesco kleine Röschen abschneiden und diese in kochendem Salzwasser bissfest blanchieren. Das untere weiße Drittel der Lauchzwiebeln abschneiden und den Wurzelansatz entfernen. Die äußerste Hautschicht der Lauchzwiebel abziehen und das dicke Ende unten kreuzweise einschneiden. In kochendem Salzwasser bissfest blanchieren.

Die Fischfilets mit kaltem Wasser abwaschen und in kleine Stücke von ca. 30 g schneiden. Mit etwas Zitronensaft beträufeln und leicht salzen.

In einem Topf Olivenöl erhitzen und die Weißkrautwürfel darin farblos anschwitzen. Mit dem Fischfond aufgießen und die Fischstücke, die Romanescoröschen und die Lauchzwiebeln in den heißen Fond geben. Alles bei mittlerer Hitze ca. 6 Minuten ziehen lassen, dabei nicht mehr kochen lassen. Die Kräuter bis auf 1 Dillzweig abzupfen und mit den Kümmelsamen, den Tomatenrauten und den gekochten Flusskrebsen in den Fond geben und ca. 3 Minuten ziehen lassen.

Den Sauerrahm mit dem Zitronensaft, Salz und Pfeffer würzen und mit einem Löffel über die angerichtete Bouillabaisse träufeln. Mit dem restlichen Dill garnieren.

G'sunds aus'm Wasser

Fisch

Warum in die Ferne schweifen?

Steinbutt und Hummer gibt es in Hamburg wie in München. Einen typischen Donaufisch wie den Huchen dagegen findet man nur in der Region. »Bei uns ist es eigentlich so schön, ich muss nicht immer alles von irgendwoher holen«, sagt Schinharl. Und er hat recht. Denn vor allem seine bayrische Heimat bietet eine reiche Auswahl an engagierten Produzenten, die Nischenprodukte anbieten, die es sonst nirgends gibt.

In den Nebenarmen der Donau, im Altwasser, fängt der einzige hauptberufliche Donauflussfischer, Johann Mayer, unter anderem Huchen, Waller, Zander oder Brachsen. Fische wie der Huchen, auch unter dem Namen Donaulachs bekannt, waren lange Zeit vom Aussterben bedroht. Der Fisch ist nur in der Donau anzutreffen, da er dort optimale Lebensbedingungen vorfand. Doch die Begradigung des Flusslaufes und der Ausbau für den Schiffsverkehr zerstörten Verstecke und Felsspalten, in denen die Raubfische kleinen Fischen und Insekten auflauern, sowie Kiesgruben, die als Laichplätze dienen. Der Bau von Staustufen und Wehren verhinderte die Wanderung flussaufwärts zu den Laichplätzen. Die starke Wasserverschmutzung machte nicht nur dieser Fischart zu schaffen, sondern brachte das gesamte Ökosystem aus dem Gleichgewicht. Heute steigt durch Umweltschutzmaßnahmen die Wasserqualität insgesamt wieder. Im Bodensee ist sogar das Gegenteil der Fall: Das Wasser ist so sauber, dass Fische keine Nahrung mehr finden. Da keine Abwässer mehr in den See geleitet werden, gibt es kaum noch Algen als Nahrungsgrundlage. Die Fische bleiben nicht nur klein, sondern haben auch weniger Nachkommen.

In der Donau versucht man dem geringen Fischbestand mit künstlichem Besatz Abhilfe zu schaffen, und so nimmt der Huchenbestand im Altwasser langsam zu. Das Fleisch wird als eines der besten unter den Lachsfischen geschätzt.

Der Griff zu einheimischen, regionalen Produkten empfiehlt sich, denn es gibt überzeugende Argumente, genauer auf die Herkunft zu achten. Regionale Lebensmittel müssen nicht über weite Strecken transportiert werden, bis sie der Verbraucher verarbeiten kann. Das bedeutet Frische, eine schonendere Behandlung und geringere Belastung mit Schadstoffen. Obst kann reif geerntet werden, das macht eine chemische Nachreifung unnötig. Bei Salat sollte es genügen, die äußersten Blätter zu entfernen, anstatt den halben Kopf wegzuwerfen, wenn er tagelang eingequetscht in einer Kiste durch halb Europa gefahren wurde. Kurze Strecken bedeuten nicht nur Schonung der Produkte, sondern auch Schonung der Umwelt durch eine positive Ökobilanz.

Der bei dem Donaufischer gekaufte Huchen jagte vor wenigen Stunden wahrscheinlich noch einer Forelle nach. Diese Frische ist bei einer Seezunge aus der Nordsee, die in München verkauft wird, kaum möglich.

Ein weiteres Beispiel: Jamón Ibérico. Dieser Schinken wird aus dem hochwertigen Fleisch der schwarzen Ibérico-Schweine hergestellt und meist aus Spanien importiert. Eine ausgezeichnete Delikatesse, die es auch »Made in Germany« gibt. In der Nähe von Hof werden die schwarzen Wollschweine, eine Kreuzung aus Haus- und Wildschwein, selbst gezüchtet und genauso ausschließlich mit Eicheln gefüttert wie ihre spanischen Verwandten. Hier kann man sich selbst überzeugen, wo die Tiere herkommen und wie sie gehalten werden.

»Es gab eine Zeit, vor zwanzig, dreißig Jahren«, so Schinharl, »da hatte jeder genug von diesen einheimischen Sachen. Da begann der Import von Lebensmitteln aus dem Ausland. Man hat sich alles aus der ganzen Welt geholt. So furchtbar Krisenzeiten auch sind, aber da merkt man wieder, was man zu Hause hat und besinnt sich auf das Naheliegende und Einfache. Warum soll ich eine Seezunge kaufen, wenn es in der Donau Zander gibt? Wer weiß noch, wie die Großmutter damals ihren leckeren Pichelsteiner Eintopf gekocht hat? Wir müssen wieder zurück zu einer natürlichen, ursprünglichen Küche mit frischen, unverfälschten Produkten.«

Die bekommt man am besten aus der heimischen Landwirtschaft. Immer häufiger stellen Landwirte auf biologischen Gemüseanbau oder Tierzucht um. Viele kleine Familienbetriebe wie Metzger, Bäcker und Weinbauern, bauen wieder auf handwerkliche Tradition gepaart mit modernen, schonenden Verarbeitungsmethoden. Solche Produzenten beliefern nicht nur Gastronomiebetriebe, Groß- und Supermärkte, sondern bieten ihre Produkte direkt auf Bauern- und Wochenmärkten, auch in den Städten, an. Besonders in typischen Anbauregionen wie rund um den Bodensee kann saisonales Obst und Gemüse erntefrisch neben dem Feld gekauft werden. »Frische Eier und Milch« ist auf vielen Schildern vor Bauernhöfen zu lesen und der ein oder andere Schweinezüchter legt am Schlachttag sicherlich ein Stück Fleisch für Sie zurück. Möglichkeiten, an frische Produkte zu kommen, gibt es genug. Direkt vom Erzeuger zu kaufen, hat einen großen Vorteil: es ist günstiger als im Supermarkt, da kein Zwischenhändler noch seine Gewinnspanne auf den Grundpreis aufschlägt.

Wer Augen und Ohren offen hält, etwas Zeit investiert und persönlich mit den Produzenten spricht, der wird erstaunt sein, was es in seiner unmittelbaren Umgebung alles zu entdecken gibt.

DONAUHUCHEN MIT KARTOFFEL-SAUERAMPFER-STAMPF UND KIRSCHTOMATENKOMPOTT

HUCHEN

800 g Huchenfilet, pariert und entgrätet, mit Haut
Salz, frisch gemahlener schwarzer Pfeffer
80 ml geklärte Butter (siehe Grundrezept S. 272)
30 g Butter
1 Zweig Thymian
1 Zweig Rosmarin
etwas Zitronensaft, frisch gepresst

KARTOFFEL-SAUERAMPFER-STAMPF

650 g mehlige Kartoffeln (geeignete Sorten: Adretta, Irmgard, Karat)
150 g Sauerrahmbutter, in Flocken
1 Knoblauchzehe, fein gehackt
25 g Sauerampfer
Salz
frisch gemahlener weißer Pfeffer
Muskatnuss, gerieben

KIRSCHTOMATENSUGO

600 g Kirschtomaten
35 g geklärte Butter (siehe Grundrezept S. 272)
2 Schalotten, in Ringe geschnitten
1 Knoblauchzehe, gewürfelt
1 Zweig Thymian
2 Blatt Basilikum
1/2 TL Oregano
25 ml Balsamicoessig
1 EL Zucker
Salz, frisch gemahlener schwarzer Pfeffer

HUCHEN

Die Huchenfilets portionieren und trockentupfen. Mit Salz und Pfeffer würzen. Die geklärte Butter in einer Pfanne erhitzen und die Filets auf der Hautseite ca. 3 Minuten kross braten. Danach wenden, die Butter und die Kräuter zufügen und auf der Fleischseite fertig garen. Die Huchenfilets auf Küchenpapier abtropfen lassen und mit Zitronensaft beträufeln.

KARTOFFEL-SAUERAMPFER-STAMPF

Die Kartoffeln schälen und in Salzwasser weich kochen. 1 EL Butter in einer Pfanne erhitzen und darin den gehackten Knoblauch glasig anschwitzen. Den Sauerampfer putzen, waschen und trockentupfen und in feine Streifen schneiden.

Die Kartoffeln abgießen und mit einem Kartoffelstampfer zerdrücken. Dabei den Knoblauch und die Butterflocken nach und nach dazugeben und in die Kartoffelmasse einarbeiten. Mit Salz, Pfeffer und Muskatnuss abschmecken und den geschnittenen Sauerampfer unter den Kartoffelstampf ziehen.

KIRSCHTOMATENSUGO

Die Kirschtomaten waschen und halbieren. Die Butter in einem Topf erhitzen und darin die Schalottenringe und den Knoblauch anschwitzen. Die Tomaten und die Kräuter im Ganzen zugeben und kräftig anschwitzen. Mit dem Balsamicoessig ablöschen und ca. 10 Minuten köcheln lassen. Die Kräuter entfernen und die Sauce mit einem Pürierstab fein pürieren. Den Tomatensugo durch ein Sieb streichen und nach Belieben mit Salz, Pfeffer und etwas Zucker abschmecken.

GESCHMOLZENE TOMATEN

600 g Kirschtomaten mit Grün

35 g geklärte Butter (siehe Grundrezept S. 272)

1 Zweig Thymian

1 Zweig Rosmarin

1 EL Puderzucker

Salz

frisch gemahlener schwarzer Pfeffer

GESCHMOLZENE TOMATEN

Die Kirschtomaten ca. 10 Sekunden in kochendes Wasser geben, dann in Eiswasser abschrecken und vorsichtig häuten. Dabei den Strunk nicht herausschneiden.

Die Butter in einer Pfanne erhitzen und die Kirschtomaten zugeben. Mit Puderzucker bestäuben und mit den gezupften Kräutern 3 Minuten anschwitzen. Den Tomatensugo aufgießen und alles erhitzen. Mit Salz und Pfeffer abschmecken.

FRITTIERTER KNOBLAUCH

4 Zehen frischer Gemüseknoblauch mit Schale

100 ml geklärte Butter

FRITTIERTER KNOBLAUCH

Die Knoblauchzehen mit einem kleinen Messer einritzen. In der heißen Butter goldgelb frittieren und auf Küchenpapier abtropfen lassen.

ANRICHTEN

Den Kartoffel-Sauerampfer-Stampf in einer Form nach Wahl auf der Tellermitte anrichten. Etwas Tomatensugo auf den Teller geben. Die geschmolzenen Kirschtomaten daraufsetzen und die Huchenfilets an die Seite legen. Mit dem frittierten Knoblauch garnieren.

Ein Huchen aus der *Fischzucht Königssee*. Die Zucht dieses Raubfisches ist äußerst schwierig, da er einen ausgeprägten Jagdinstinkt hat und nur frisst, was er zuvor auch gejagt hat. Diese Lebensweise erfordert große Zuchtbecken, teure Lebendköder und Geduld, denn der Huchen wächst langsam.

POCHIERTER REGENWALLER MIT PETERSILIENGRIESSNOCKERL, GELBE-RÜBEN-NUDELN UND DILLSCHAUM

GELBE-RÜBEN-NUDELN

800 g gelbe Rüben (Karotten)
50 g Butter
1 TL Puderzucker
150 ml Rinderbouillon (siehe Grundrezept S. 246)
Salz
frisch gemahlener schwarzer Pfeffer

DILLSCHAUM

500 ml Fischfond (siehe Grundrezept S. 249)
1 Stängel Blattpetersilie
2 Zweige Dill
100 ml Sahne
1 EL kalte Butterflocken
Salz
frisch gemahlener schwarzer Pfeffer
10 ml Kräuteressig

PETERSILIENGRIESSNOCKERL

150 g Blattpetersilie
150 g Butter, Zimmertemperatur
3 Eier, Zimmertemperatur
300 g Hartweizengrieß
2 EL Wasser
Salz
1 Msp. Muskatnuss, frisch gerieben

GELBE-RÜBEN-NUDELN

Die Karotten schälen und mit der Aufschnittmaschine oder dem Gemüsehobel der Länge nach in ca. 5 mm dicke Scheiben schneiden. Mit einem scharfen Messer nun die Karottenscheiben in ca. 5 mm dicke Streifen schneiden.

Die Butter in einer Pfanne erhitzen, den Puderzucker einstreuen und die Karotten darin karamellisieren. Die Rinderbouillon angießen, und die Karotten bissfest garen. Die Flüssigkeit soll sich dabei mit der Butter verbinden. Mit Salz und Pfeffer abschmecken.

DILLSCHAUM

Den Fischfond in einem kleinen Topf erhitzen. Die Kräuterstängel dazugeben und in dem Fond etwa 15 Minuten ziehen lassen. Den Fond durch ein Sieb passieren, die Sahne einrühren, und mit einem Pürierstab die kalten Butterflocken schaumig untermixen. Mit Salz, Pfeffer und dem Kräuteressig abschmecken.

PETERSILIENGRIESSNOCKERL

Die Petersilie waschen und die Blätter abzupfen. Die Blätter in kochendem Salzwasser etwa 5 Sekunden blanchieren. In Eiswasser abschrecken und in einem Tuch kräftig ausdrücken. Die Petersilie mit der Hälfte der weichen Butter in der Küchenmaschine oder mit einem Pürierstab fein pürieren. Die Petersilienbutter mit der restlichen Butter schaumig rühren. Die Eier, Grieß und das Wasser nach und nach einrühren. Die Masse würzen und 15 Minuten im Kühlschrank ziehen lassen. Die Grießmasse darf nicht zu weich sein. Bei Bedarf zusätzlich Grieß einrühren.

Mit einem großen Löffel Nocken abstechen und in kochendem Salzwasser ca. 10 Minuten leicht kochen. Weitere 5 Minuten zugedeckt ziehen lassen.

WALLER

500 ml Fischfond (siehe Grundrezept S. 249)
Salz
10 ml Weißweinessig
1 Lorbeerblatt, frisch
2 Wacholderbeeren, zerstoßen
2 Zweige Dill
1 Stängel Blattpetersilie
1 Schalotte, in feine Ringe geschnitten
800 g frisches Wallerfilet (Wels), entgrätet und ohne Haut
Saft von 1 Bio-Zitrone

Petersilienöl zum Anrichten (siehe Grundrezept S. 264)

WALLER

Den Fischfond zusammen mit dem Salz, Essig, Lorbeerblatt, Wacholderbeeren, Dill, Petersilie und den Schalottenringen aufkochen lassen.

Die Wallerfilets portionieren, mit dem Zitronensaft beträufeln und salzen. Die Fischfilets in den Fond legen und bei kleiner Hitze 5 Minuten ziehen lassen. Der Fond darf dabei nicht mehr kochen.

ANRICHTEN

Den Fisch aus dem Fond nehmen, auf Küchenpapier abtropfen lassen und auf die Teller geben. Die Gelbe-Rüben-Nudeln und die Petersiliengrießnockerl daneben anrichten und den Dillschaum über den Fisch nappieren. Mit einem Teelöffel Petersilienöl über die Nocken träufeln.

Flussfischer Johann Mayer ging ein 1,20 m langer und ca. 30 kg schwerer Waller (Wels) ins Netz. Um das kräftige Tier in Schach zu halten, muss er ihn mit dem »Wallergriff« packen. Dabei hält er den Fisch nicht links und rechts an den Flossen fest, wie auf dem Bild zu sehen, sondern am Unterkiefer. Das hindert den Waller daran, mit seinem kräftigen Kiefer zuzuschnappen.

GEBACKENER AISCHGRUNDER KARPFEN AUF LAUWARMEM ROTE-BETE-SALAT, BAMBERGER HÖRNCHEN UND ESTRAGONSENFSAUCE

ROTE-BETE-SALAT

800 g Rote Bete, gekocht
2 EL sardisches Olivenöl
1/2 rote Zwiebel, fein gewürfelt
50 ml weißer Balsamicoessig
100 ml Rinderbouillon (siehe Grundrezept S. 246)
1 EL mittelscharfer Senf
Salz, frisch gemahlener schwarzer Pfeffer
Zucker
Abrieb und Saft von 1 Bio-Orange

ESTRAGONSENFSAUCE

400 ml Weißweinsauce für Fischgerichte (siehe Grundrezept S. 257)
1 EL Estragonsenf
1 TL Estragonblätter, fein geschnitten

BAMBERGER HÖRNCHEN

500 g Bamberger Hörnchen (älteste deutsche Kartoffelsorte)
1 TL Kümmel, ganz
2 EL Butterschmalz
frisch gemahlener schwarzer Pfeffer

KARPFEN

750 g Filet vom Spiegel- oder Schuppenkarpfen, entgrätet und ohne Haut
1/2 Kastenweißbrot (ersatzweise Toastbrot)
3 Eier
100 ml Milch
Saft von 1 Bio-Zitrone
frisch gemahlener weißer Pfeffer

ROTE-BETE-SALAT

Die Rote Bete in 0,5 cm dicke und 3 cm lange Balken schneiden, die Reste beiseitestellen.

In einem kleinen Topf das Olivenöl erhitzen und darin die Zwiebelwürfel glasig anschwitzen. Die Rote-Bete-Reste zugeben und kräftig anbraten. Mit dem Balsamicoessig ablöschen, und die Flüssigkeit einkochen lassen. Mit der Rinderbouillon aufgießen und alles weich kochen. Mit einem Stabmixer pürieren und mit Senf, Salz, Pfeffer und dem Zucker abschmecken. Zum Schluss den Saft und den Orangenabrieb einrühren.

Die Rote-Bete-Balken in dem Püree bei mittlerer Hitze erwärmen, und nach Geschmack mit etwas Salz und Pfeffer nachwürzen.

ESTRAGONSENFSAUCE

Die Weißweinsauce aufkochen. Den Senf mit dem Schneebesen einrühren und die Estragonblätter unterziehen.

BAMBERGER HÖRNCHEN

Die Bamberger Hörnchen waschen und in leicht gesalzenem Wasser mit dem Kümmel weich kochen. Die Kartoffeln abgießen, pellen und in einer Pfanne in heißem Butterschmalz schwenken. Mit Salz und Pfeffer würzen.

TIPP: Kleine, frische Kartoffeln kann man auch mit Schale essen und müssen nicht gepellt werden.

KARPFEN

Die Karpfenfilets mit Küchenpapier trocken tupfen und portionieren.

Das Kastenweißbrot entrinden, in grobe Würfel schneiden und in der Küchenmaschine zu Bröseln verarbeiten.

3 EL Weizenmehl Type 405
150 ml geklärte Butter (siehe Grundrezept S. 272)

Die Eier mit der Milch aufschlagen. Die Fischfilets mit Zitronensaft beträufeln, mit Salz und Pfeffer würzen und panieren. Dabei die Filets zunächst auf beiden Seiten in Mehl wenden, dann durch die Eiermilch ziehen und mit den Weißbrotbröseln panieren.

Die geklärte Butter in einer Pfanne erhitzen. Die Fischfilets goldgelb ausbacken und auf Küchenpapier abtropfen lassen.

ANRICHTEN

Die gebackenen Karpfenfilets mit den Rote-Bete-Balken und den Kartoffeln auf Tellern anrichten. Mit der Estragonsauce nappieren.

TIPP: Vor der Schlachtung und Verarbeitung sollte der Karpfen für einen frischen Geschmack einige Tage in klarem Wasser schwimmen.

KROSS GEBRATENER DONAUZANDER MIT STAUDENSELLERIE, KARTOFFELBAUMKUCHEN-RAUTEN UND FRÄNKISCHER ROTWEINSAUCE

KARTOFFELBAUMKUCHEN-RAUTEN

ZUTATEN FÜR 2 LITER TEIG (ERGIBT CA. 12 SCHICHTEN)

18 Eier
280 g weiche Butter
600 g mehlige Kartoffeln, gekocht und gerieben (geeignete Sorten: Adretta, Irmgard, Datura)
140 g Weizenmehl Type 405
260 g Kartoffelstärke
100 ml geklärte Butter (siehe Grundrezept S. 272)
20 g Salz
Muskatnuss, frisch gerieben

DONAUZANDER

750 g frisches Zanderfilet, entgrätet
100 ml geklärte Butter (siehe Grundrezept S. 272)
Saft von 1 Bio-Zitrone
Salz

STAUDENSELLERIE

600 g Staudensellerie
120 g Knollensellerie
120 g Karotten
150 g Lauch
1 EL Butter
Salz
frisch gemahlener schwarzer Pfeffer
Muskatnuss, frisch gerieben

KARTOFFELBAUMKUCHEN-RAUTEN

Die Eier trennen und das Eiweiß steif schlagen. Die Butter mit einer Küchenmaschine schaumig schlagen und mit den Eigelb gut verrühren. Die Eimasse mit Salz und Muskat würzen und mit den geriebenen Kartoffeln mischen.

Das Mehl und die Stärke sieben und nach und nach unter die Kartoffelmasse ziehen. Das steif geschlagene Eiweiß mit einem Teigschaber vorsichtig unterheben. Den Backofen auf 200 °C Oberhitze mit Grillfunktion vorheizen.

Eine beschichtete Bratpfanne mit ca. 20 cm Durchmesser erhitzen und mit Butter einpinseln. Den Teig mit einer Kelle ca. 0,5 cm hoch in die Pfanne gießen. Die Pfanne in den Ofen geben und den Teig leicht braun backen. Die Pfanne aus dem Ofen nehmen und den gebackenen Teig mit etwas flüssiger geklärter Butter einpinseln.

Auf den fertigen Teig erneut 0,5 cm flüssigen Teig gießen und im Ofen ausbacken. Diesen Vorgang wiederholen, bis der Teig aufgebraucht ist. Dabei jede gebackene Teigschicht mit etwas Butter einpinseln, bevor neuer Teig zugegossen wird. Den fertigen Kartoffelbaumkuchen in der Pfanne abkühlen lassen, stürzen und mit Klarsichtfolie bedeckt im Kühlschrank abkühlen lassen.

Den Baumkuchen in Rauten von ca. 2 cm Kantenlänge schneiden und im Backofen bei 100 °C Ober- und Unterhitze ca. 10 Minuten erhitzen.

TIPP: Die Kartoffeln am Vortag kochen, am nächsten Tag pellen und mit einer Reibe fein raspeln.

DONAUZANDER

Die Fischfilets mit Küchenpapier trockentupfen und portionieren. Mit Zitronensaft und Salz würzen. Die geklärte Butter in einer Bratpfanne erhitzen, und den Zander mit der Hautseite nach unten kross anbraten.

FOND

1 l Wasser
3 schwarze Pfefferkörner
10 gelbe Senfkörner
2 Lorbeerblätter
5 Wacholderbeeren
1 Zweig Thymian
1 EL weißer Balsamicoessig
3 EL kalte Butterstückchen
1 EL Butter zum Braten

FRÄNKISCHE ROTWEINSAUCE

200 ml trockener fränkischer Rotwein (Weinempfehlung siehe Produzentenverzeichnis)
200 ml roter Portwein
2 Schalotten, gewürfelt
150 g kalte Butterwürfel
400 ml Fischfond (siehe Grundrezept S. 249)
5 schwarze Pfefferkörner
Salz

Flussfischer Johann Mayer auf dem Weg zu seinen Reusen in der Donau.

Die Filets wenden und auf der Fleischseite glasig fertig braten. Den Fisch auf Küchenpapier abtropfen lassen.

STAUDENSELLERIE

Den Staudensellerie waschen, die Fäden abziehen und in 0,5 x 3 cm lange Balken schneiden. Den Knollensellerie und die Karotten schälen und in 0,5 x 0,5 cm große Würfel schneiden. Den Lauch waschen und davon 50 g in feine, 0,5 x 0,5 cm große Würfel schneiden und beiseitestellen. Für den Fond das Wasser in einem Topf mit den Pfeffer- und Senfkörnern, Lorbeerblättern, Wacholderbeeren und Thymian erhitzen. Die Gemüseabschnitte und -reste sowie den restlichen Lauch dazugeben und 20 Minuten leicht köcheln. Den Fond durch ein Sieb passieren und mit 3 EL Butter und Balsamicoessig cremig aufmixen.

1 EL Butter in einem Topf erhitzen und die Staudenselleriebalken darin glasig dünsten. Nach 2 Minuten die Karotten-, Sellerie- und die Lauchwürfel mit anschwitzen. Den Fond aufgießen und bei niedriger Hitze 2 bis 3 Minuten ziehen lassen. Mit Salz, Pfeffer und Muskat abschmecken.

FRÄNKISCHE ROTWEINSAUCE

Den Rotwein und den Portwein in einem kleinen Topf auf etwa die Hälfte reduzieren. Die Schalotten mit 1 EL Butter in einer Pfanne goldgelb anschwitzen. Den Fischfond aufgießen, die Pfefferkörner zufügen und auf die Hälfte einkochen. Die Fischsauce durch ein feines Sieb passieren und in die Rotweinreduktion rühren. Nochmals aufkochen lassen und die restlichen kalten Butterwürfel zugeben. Die Sauce mit einem Stabmixer sämig aufmixen.

Die Zanderfilets auf Teller geben. Die Baumkuchenrauten mit dem Selleriegemüse an die Zanderfilets legen und mit der Rotweinsauce nappieren.

GEBRATENE SANDFELCHEN AUF GURKEN-DILL-GEMÜSE MIT GÄUBODENKARTOFFELN UND RIESLINGSAUCE

GURKEN-DILL-GEMÜSE

2 mittelgroße Tomaten

2 Salatgurken (ca. 800 g), ergeben ca. 400 g Gurkennudeln

2 Schalotten

1 EL Butter

Salz

frisch gemahlener schwarzer Pfeffer

Zucker

weißer Balsamicoessig

5 Zweige Dill, fein gehackt

KARTOFFELN

800 g kleine Gäubodenkartoffeln (ersatzweise Grenaille-Kartoffeln)

Salz

3 EL Butter

ZITRONENFILETS

2 große Zitronen

2 EL Butter

Puderzucker

Salz

RIESLINGSAUCE

300 ml Weißweinsauce für Fischgerichte (siehe Grundrezept S. 257)

75 ml Riesling

1 gehäufter TL kalte Butterflocken

GURKEN-DILL-GEMÜSE

Mit einem Messer den Strunk der Tomaten kreisförmig herausschneiden und die Unterseite kreuzweise einritzen. Die Tomaten ca. 30 Sekunden in kochendem Salzwasser blanchieren. Anschließend in kaltem Wasser abschrecken, häuten, vierteln und die Kerne entfernen. Die Tomatenfilets in Rauten mit ca. 1,5 cm Kantenlänge schneiden.

Die Gurken schälen und den festen Teil mit einem Sparschäler der Länge nach ca. 5 mm breite Streifen abschälen. Den weichen inneren Teil mit den Kernen und den restlichen Gurkenabschnitten entsaften. Den Saft in einem kleinen Topf auf die Hälfte einkochen.

Die Schalotten schälen und in feine Würfel schneiden. Die Butter in einer Pfanne erhitzen, und die Schalottenwürfel darin glasig anschwitzen. Die Gurkenstreifen und die Tomatenrauten dazugeben und ca. 2 Minuten mit anschwitzen. Mit Salz, Pfeffer und Zucker abschmecken. Mit einem Schuss Balsamicoessig und dem eingedickten Gurkensaft verfeinern und nochmals durchschwenken. Am Schluss den Dill zugeben und nach Belieben nachwürzen.

KARTOFFELN

Die Kartoffeln waschen, schälen und nach Wunsch halbieren. Die Kartoffeln in Salzwasser bissfest kochen und das Wasser abgießen. Die Butter in einer Pfanne zerlassen und darin die noch heißen Kartoffeln schwenken. Nach Belieben mit Salz nachwürzen.

ZITRONENFILETS

Die Zitronen schälen und die weiße Schicht entfernen. Mit einem Messer die Filets herausschneiden. Aus dem Rest den Saft auspressen und die Filets darin einlegen.

SANDFELCHEN

700 g Sandfelchenfilet, entgrätet

100 ml geklärte Butter

Saft von 1 Bio-Zitrone

Salz

Die Butter in einer Pfanne vorsichtig leicht braun zerlassen. Die Zitronenfilets zugeben, mit dem Puderzucker bestreuen und leicht karamellisieren lassen. Mit etwas Zitronensaft begießen und mit Salz abschmecken.

RIESLINGSAUCE

Den Riesling in einem Topf auf die Hälfte reduzieren. Mit der Weißweinsauce aufgießen und aufkochen. Mit einem Pürierstab die kalten Butterflocken schaumig untermixen.

SANDFELCHEN

Die Fischfilets mit Küchenpapier trockentupfen und portionieren. Mit Zitronensaft und Salz würzen. Die Butter in einer Bratpfanne erhitzen und darin die Fischfilets, mit der Hautseite nach unten, kross anbraten. Die Filets wenden und auf der Fleischseite glasig fertigbraten. Auf Küchenpapier abtropfen lassen.

ANRICHTEN

Die Felchenfilets auf dem Gurkengemüse anrichten. Die Kartoffeln anlegen und die Zitronenfilets auf den Fischfilets verteilen. Mit der Rieslingsauce nappieren.

TIPP: Sandfelchen kommen ausschließlich im Bodensee vor. Wenn Sie keine bekommen können, verwenden Sie ersatzweise einen anderen Fisch.

Verschiedene Weißfische: Rotaugen (linke Bildhälfte), die etwas größere Rotfeder (Bildmitte) und der schlangenförmige Aal (rechts außen).

FISCHWÜRSTE AUF RAHMSAUERKRAUT MIT FORELLENKAVIAR

FISCHWÜRSTE

500 g frisches Zanderfilet (ersatzweise auch Brachsen oder andere Weißfische)
3 Eiweiß
150 g Crème double
10 ml Weißwein, trocken
2 EL Noilly Prat (franz. Wermut)
1 EL Pernod (franz. Anisspirituose)
Salz
frisch gemahlener weißer Pfeffer
Muskatnuss, frisch gerieben
Abrieb und Saft von 1 Bio-Zitrone
1 EL Dill, gehackt
3 EL geschlagene Sahne
2 m Weißwurstdarm (erhältlich beim Metzger)

Rahmsauerkraut (siehe Grundrezept S. 259)
100 g Forellenkaviar

FISCHWÜRSTE

Das Zanderfilet häuten und die Gräten vollständig entfernen. Die Filets klein würfeln und davon 400 g im Gefrierfach leicht anfrieren. Den Rest beiseitestellen. Nach etwa 30 Minuten die Fischwürfel aus dem Gefrierfach nehmen und in der Küchenmaschine 10 bis 20 Sekunden pürieren. Das Eiweiß, die Crème double und den Alkohol zugießen und zu einer glatten Masse mixen. Mit Salz, Pfeffer und Muskatnuss abschmecken und mit dem Zitronenabrieb und dem Zitronensaft verfeinern.

Die Farce durch ein Küchensieb streichen und die restlichen Zanderwürfel sowie den gehackten Dill einrühren. Am Schluss die geschlagene Sahne unterheben. Bis zur Verwendung kühl stellen.

Die Farce in einen Spritzbeutel mit langer Spritztülle geben und vorsichtig in den Weißwurstdarm einspritzen. Den Darm nicht zu fest füllen, da die Würste sonst während des Kochens aufplatzen. Das Ende des Darms verknoten und vorsichtig etwa 100 g schwere Würste abdrehen. Die Würste in leicht gesalzenem Wasser bei geringer Hitze etwa 15 Minuten ziehen lassen.

Die Fischwürste mit dem Rahmsauerkraut und nach Belieben mit Forellenkaviar servieren.

TIPP: Für eine optimale Konsistenz der Farce müssen die Zutaten gut gekühlt sein. Die Masse erwärmt sich sonst während der Zubereitung und verliert die Bindung.

HECHTNOCKEN MIT ROTER BETE, FELDSPINATNUDELN UND KARTOFFELMAYONNAISE

HECHTNOCKEN

400 g frisches Hechtfilet
3 Eiweiß
150 g Crème double
10 ml Weißwein, trocken
2 EL Noilly Prat (franz. Wermut)
1 EL Pernod (franz. Anisspirituose)
Salz
frisch gemahlener weißer Pfeffer
Muskatnuss, gerieben
Abrieb und Saft von 1 Bio-Zitrone
3 EL geschlagene Sahne

ROTE-BETE-NOCKEN

700 g kleine rohe Rote Bete
3 Scheiben einer Bio-Orange
1 EL Butter
100 g Schalotten, fein gehackt
ca. 2 TL Kümmel, gemahlen
1 Msp. Kardamom, gemahlen
Salz
frisch gemahlener schwarzer Pfeffer

FELDSPINATNUDELN

100 g frischer Blattspinat, von den Stielen befreit und gewaschen
5 Eier
400 g Weizenmehl Type 405
100 g Hartweizengrieß
3 EL sardisches Olivenöl
Salz
frisch gemahlener schwarzer Pfeffer
2 EL Butter

HECHTNOCKEN

Das Hechtfilet häuten und die Gräten vollständig entfernen. Das Fleisch klein würfeln und im Gefrierfach leicht anfrieren lassen. Nach etwa 30 Minuten das Fischfleisch aus dem Gefrierfach nehmen und in einer Küchenmaschine 10 bis 20 Sekunden pürieren. Das Eiweiß, die Crème double und den Alkohol zugießen und zu einer glatten Masse mixen. Mit Salz, Pfeffer und Muskatnuss abschmecken und mit Zitronenabrieb und Zitronensaft verfeinern.

Die Farce durch ein Küchensieb streichen, die geschlagene Sahne unterheben und bis zur Verwendung kühl stellen. Von der Hechtfarce mit einem Esslöffel Nocken abstechen und diese in kochendem Salzwasser aufkochen. Bei geringer Hitze 10 Minuten ziehen lassen.

TIPP: Damit die Farce die Bindung nicht verliert, müssen die Zutaten gut gekühlt sein.

ROTE-BETE-NOCKEN

Die Rote Bete waschen und mit den Orangenscheiben ca. 20 Minuten weich kochen. Anschließend schälen und fein würfeln. Die Butter in einer Bratpfanne erhitzen und die Schalotten darin glasig dünsten. Die Rote-Bete-Würfel zugeben und kurz mitschwenken. Alles in einen Topf geben und mit einem Mixstab oder Kartoffelstampfer pürieren. Mit Kümmel, Kardamom, Salz und Pfeffer abschmecken.

TIPP: Für die Zubereitung kann auch ca. 600 g vorgekochte Rote Bete verwendet werden.

FELDSPINATNUDELN

Den Spinat 3 Sekunden in kochendem Salzwasser blanchieren. In Eiswasser abschrecken. Die Spinatblätter in ein

KARTOFFELMAYONNAISE

100 g festkochende Kartoffeln (geeignete Sorten: Agata, Linda, Sieglinde)
50 g Tomaten
50 ml Olivenöl
60 ml Erdnussöl
1 Knoblauchzehe, geschält und gewürfelt
3 Anchovifilets
2 Eigelb
200 ml Fischfond (siehe Grundrezept S. 249)
Meersalz
etwas Chiliöl

Auch Hechte werden in der *Fischzucht Königssee* gezüchtet.

trockenes, sauberes Tuch wickeln und kräftig ausdrücken. Den Spinat hacken und mit den Eiern in einem Mixer etwa 5 Minuten zu einer gleichmäßig grünen Masse mixen.

Das gesiebte Mehl mit dem Hartweizengrieß vermengen. In die Mitte eine Mulde drücken. Die Spinat-Ei-Masse, das Olivenöl und eine Prise Salz in die Mulde geben. Alles zu einem glatten Teig kneten und in Klarsichtfolie gewickelt 1 Stunde im Kühlschrank ruhen lassen. Dann den Teig mit etwas Mehl durchkneten und in vier Teile schneiden.

Den Teig mit einer Nudelmaschine ca. 2 mm dünn ausrollen und durch den Bandnudeleinsatz drehen. Die Bandnudeln mit etwas Abstand auf ein bemehltes Backblech legen und mit Mehl bestäuben.

Die Nudeln in kochendem Salzwasser 2 bis 3 Minuten kochen. Die Butter in einer Pfanne erhitzen, und die Nudeln mit einer Schaumkelle aus dem Wasser holen und in der Butter schwenken. Mit Salz und Pfeffer würzen.

KARTOFFELMAYONNAISE

Die Kartoffeln kochen, pellen und grob würfeln. Die Tomaten an der Unterseite kreuzförmig einschneiden und ca. 10 Sekunden in kochendem Salzwasser blanchieren. Anschließend in Eiswasser abschrecken. Die Tomaten häuten, vierteln, entkernen und in grobe Würfel schneiden.

Die Kartoffeln mit den Tomaten, dem Oliven- und Erdnussöl, dem geschälten Knoblauch, den Anschovis, den Eigelb und dem Fischfond im Mixer pürieren und mit Meersalz und Chiliöl abschmecken.

ANRICHTEN

Die Hechtnocken auf den Nudeln anrichten. Von dem Rote-Bete-Püree Nocken abstechen und zu den Hechtnocken geben. Mit der Kartoffelmayonnaise nappieren.

Deftigs, des oiwei geb'n muas

Fleisch, Wild und Geflügel

Schnitzeljagd – auf der Suche nach gutem Fleisch

BSE, H5N1, MKS, TSE – in regelmäßigen Abständen schockiert der Ausbruch von neuen und bekannten Tierseuchen die Verbraucher weltweit und verdirbt den Appetit auf Rind- und Schweinefleisch und Geflügel. Denn nicht nur nach der Schlachtung können Fleischprodukte falsch behandelt und ungenießbar werden. Bereits der Umgang mit den lebenden Tieren ist eine Frage des Gewissens und hat entscheidenden Einfluss auf das Fleisch, das wir essen.

Für Andreas Schinharl gab es ein Schlüsselerlebnis, das ihm bewusst gemacht hat, worauf es in Bezug auf Fleisch ankommt. Während seiner Lehrzeit als Metzger unternahm er einen Ausflug nach Polen, kam dort an einem Bauernhof vorbei und kaufte sich ein Stück Schweinefleisch. Mit Polen und Viehzucht werden oft riesige Geflügelfarmen, Massentierhaltung und billige Produktion in Verbindung gebracht, aber in diesem Fall gab es eine positive Überraschung. Das Fleisch des polnischen Bauern war außergewöhnlich gut, beim Braten saftig und geschmacklich hervorragend. Es wies auch keinerlei Wassereinlagerungen auf und schrumpfte somit in der Pfanne nicht zusammen. Warum? »Weil die Sau vom Tisch weg mitgefüttert wurde, wie man bei uns sagt«, so Schinharl. Das Schwein bekam die Reste der Mahlzeiten der Familie. Und was für die Menschen gut ist, kann für die Tiere nicht schlecht sein. Denn das Fleisch, die Muskeln und die Organe dieses Schweins lagern alle Nährstoffe, aber auch Schadstoffe, ein, die das Tier durch die Nahrung aufnimmt. Mit dem Stück Schweinebraten, das wir genießen, nehmen wir wiederum diese Stoffe mit auf, im schlimmsten Fall Antibiotika oder Hormone, die für schnelleres Wachstum eingesetzt werden.

Der große Bedarf an tierischen Erzeugnissen macht Massentierhaltung notwendig. Der Verbraucher muss darauf vertrauen, dass das Fleisch oder die Eier, die er kauft, von gesunden Tieren stammt.

Um auf Nummer sicher zu gehen und dem Kunden ausgezeichnete Qualität zu garantieren, sucht Schinharl Produzenten und Erzeuger, die Top-Qualität liefern, und überzeugt sich selbst davon. Die größte Herausforderung dabei ist für ihn, Qualität, große Menge und ein gutes Preis-Leistungs-Verhältnis in Verbindung zu bringen.

Vertrauen wird vor allem in das Biosiegel gesetzt, allerdings ist das keine Garantie für optimale Produkte. Die Bild-Zeitung titelte während der Wies'n 2008: »Falsche Bio-Hendl auf der Wies'n!« Ein Geflügelhof hatte Hähnchen als Bio-Geflügel verkauft, obwohl diese mit konventionellem, teilweise genverändertem Futter gemästet wurden. Schinharl kennt die Ursachen für diesen Betrug. Die große Nachfrage bei Bio-Geflügel setzt den Züchter unter Druck. Er muss in kurzer Zeit viele Tiere mästen und ist dabei noch an einen bestimmten Preis gebunden. Doch Biofutter ist erstens teurer und zweitens wächst das damit gefütterte Geflügel nicht so schnell. »Und dann wird geschludert«, sagt Schinharl. »Genau das ist die Problematik: ab einer gewissen Masse kann man nicht mehr ehrlich Bio produzieren. Davon bin ich überzeugt.« Und macht es Sinn, Bio-Erzeugnisse zu einem hohen Preis einzukaufen, wenn man nicht sicher sein kann, dass es wirklich Bio ist?

Das Biosiegel und die damit verbundenen strengen Auflagen haben ganz klar neue, positive Maßstäbe in Bezug auf die Lebensmittelproduktion gesetzt. Oberstes Gebot ist die Produktion im Einklang mit der Natur. Das Futter muss, soweit möglich, selbst angebaut werden. Düngung und Schädlingsbekämpfung dürfen nicht auf chemischem Weg erfolgen. Tiere müssen artgerecht gehalten werden und dürfen keine Hormone oder Antibiotika bekommen.

Am Anfang gab es nur kleine Betriebe, die für den Eigenbedarf und Direktverkauf auf diese Art und Weise produzierten. Nach den vielen Lebensmittelskandalen startete eine regelrechte Biowelle. Die Verbraucher achteten bewusster darauf, was sie essen, und griffen immer häufiger zu Bioprodukten. Dieser Trend hält heute noch an. Dadurch wurde »Bio« zum Massenprodukt, die Betriebe wurden zunehmend größer und die Kontrolle schwieriger. Jeder versuchte, auf der Biowelle mitzuschwimmen und seinen Umsatz zu steigern. Bio wurde als Marketingstrategie missbraucht und nicht mehr im ursprünglichen Sinne als Leitfaden für gute Qualität gesehen. Die ersten Biosupermärkte eroberten die Städte, und sogar die großen Lebensmitteldiscounter nahmen Bioprodukte in ihr Sortiment auf. Doch kann man zweifelsfrei behaupten, dass Bio-Reis aus China »Bio« ist? Wer kontrolliert dort den Anbau? Das Produkt wird Tausende von Kilometern um die Welt geflogen – unter dem Strich eine schlechte Ökobilanz.

Schinharl möchte nicht um jeden Preis Bioprodukte mit Siegel, um damit werben zu können. Er weiß, seine Mengen kann er nicht mit hundertprozentiger Sicherheit mit Biosiegel einkaufen. Aber seine Ansprüche sind deswegen nicht geringer. »Ich will Produzenten, die zwar wissen, sie leben von dem Tier, das ist ihr Geschäft, aber die Respekt haben vor dem Lebewesen. Und wenn man Respekt vor etwas hat, dann behandelt man es auch dementsprechend. Wenn einer keine Hunde mag, dann gibt er ihm einen Tritt und sagt ›Schleich dich!‹ Wenn einer gern mit Hunden umgeht, dann hat er ein ganz anderes Verhältnis dazu und eine gewisse Liebe zu dem Tier.« Massentierhaltung bedeutet oft, dass das Huhn, eingepfercht mit 24 Artgenossen auf einem Quadratmeter, mit Kraftfutter so schnell wie möglich auf ein Normgewicht von ca. 1000 g gemästet wird.

Aber es geht auch anders. Schinharl arbeitet mit einem Geflügelzüchter zusammen, der genau nach seinen Vorstellungen produziert. Die Kapazität würde für 25 000 Tiere ausreichen, aber nur 16 000 werden gebraucht – mehr sollen auch nicht in den Stall kommen. Die Tiere haben Platz und können sich bewegen. Diese verbesserten Lebensbedingungen machen sich an der niedrigen Ausfallquote bemerkbar. Im Vergleich zu herkömmlichen Mastbetrieben sterben weniger Tiere während der Aufzucht. Das Geflügel wird nicht unter Zeitdruck gemästet, bis zur Schlachtung darf es auch mal 14 Tage länger dauern. Das Käfer Wies'n-Hendl soll 1100 g haben, ist somit fleischiger – ein saftiges Hendl, das nicht beim Braten schrumpft, sondern sogar etwas aufgeht, weil es kaum Wassereinlagerungen hat. Ein Hendl, das zwar kein Biosiegel trägt, aber mit Sicherheit eines verdient hätte.

KALBSKOPF NACH ERNST SOLDAN AUF RAHMWIRSING MIT GEBACKENEN KARTOFFELBALKEN

KALBSKOPF

1 Kalbszunge

1 Kalbskopfmaske (beim Metzger bestellen)

KOCHSUD

2 Metzgerzwiebeln (weiße, milde Gemüsezwiebeln), gewürfelt

1 Karotte gewürfelt

1 Stange Lauch, gewürfelt

1/2 Knollensellerie, gewürfelt

2 EL Olivenöl

200 ml Rotweinessig

3 l Wasser

4 Gewürznelken

6 Lorbeerblätter

1 TL schwarze Pfefferkörner

1 TL Wacholderbeeren, zerstoßen

1 EL Zucker

frisch gemahlener schwarzer Pfeffer

Meersalz

SPECKRAHMWIRSING

1 Wirsing (ca. 800 g)

120 g Bauchspeck, in Scheiben geschnitten

2 Schalotten, gewürfelt

30 g Weizenmehl Type 405

50 g kalte Butterwürfel

200 ml Fond vom Blanchieren des Wirsings

200 ml flüssige Sahne

Salz

frisch gemahlener schwarzer Pfeffer

Zucker

Muskatnuss, frisch gerieben

KALBSKOPF

Für den Kochsud die Zwiebel-, Karotten-, Lauch- und Selleriewürfel in einem Topf in heißem Olivenöl farblos anschwitzen. Mit dem Essig und Wasser aufgießen, Gewürze und Zucker zugeben und alles ca. 15 Minuten kochen.

Die Kalbszunge in dem Sud etwa 30 Minuten leicht wallend kochen, aus dem Sud nehmen und in Eiswasser abkühlen. Den Sud beiseitestellen.

Die Zunge enthäuten und der Länge nach halbieren. Die Kalbskopfmaske von Haarrückständen befreien, die Backenhaut, Nasenknorpel und die Ohrmuscheln entfernen. Die Kalbskopfmaske ausbreiten, die Kalbszungenhälften in die Mitte legen und die Maske einwickeln. Mit Küchengarn gut verschnüren.

Den Sud erneut aufkochen und die Kalbskopfmaske in dem Sud für etwa 2,5 Stunden bei mittlerer Hitze leicht wallend kochen. Dann aus dem Sud nehmen und kurz auskühlen lassen. Das Küchengarn entfernen und das Fleisch in etwa 1,5 cm dicke Scheiben schneiden. Die Scheiben vor dem Servieren in dem heißen Sud kurz erwärmen.

SPECKRAHMWIRSING

Vom Wirsing die äußeren Blätter entfernen, den Strunk kreisförmig herausschneiden. Die Blätter abtrennen und unter lauwarmem Wasser waschen.

Die Wirsingblätter in kochendem, leicht gesalzenem Wasser ca. 2 Minuten blanchieren, anschließend in kaltem Wasser abschrecken. Den Wirsingfond durch ein Sieb passieren und 200 ml davon beiseitestellen. Die Blätter trockentupfen, den Blattstrunk entfernen und dann in feine Würfel schneiden.

Die Bauchspeckscheiben auf einen Teller auslegen und für ca. 15 Minuten im Gefrierfach anfrieren.

KARTOFFELBALKEN

700 g festkochende Kartoffeln (geeignete Sorten: Selma, Nicola, Agata)
1 l Sojaöl oder Frittierfett
Salz
frisch gemahlener schwarzer Pfeffer
Zucker
Muskatnuss, frisch gerieben

Andreas Schinharl und Alain Ullmann beim Anrichten des Kalbskopfes nach Ernst Soldan. Ernst Soldan prägte lange Zeit als Küchenchef die Küche des Sternerestaurants Boettner in München, in dem Andreas Schinharl arbeitete.

Anschließend in kleine Würfel schneiden. In einem heißen Topf oder einer Pfanne die Speckwürfel ohne Fettzugabe auslassen. Die Schalottenwürfel mit dem Speck anschwitzen, bis sie leicht Farbe annehmen. Die Hälfte der Butter zufügen und unter Rühren schmelzen lassen.

Die Schalotten mit dem gesiebten Mehl bestäuben und kurz verrühren. Dann mit 200 ml Wirsingfond ablöschen und sämig einkochen. Den geschnittenen Wirsing zugeben und mit Sahne aufgießen.

Den Wirsing einmal kurz erhitzen und mit Salz, Pfeffer, Zucker und Muskatnuss abschmecken. Die restliche kalte Butter einrühren.

TIPP: Die Sahne nicht zu stark erhitzen, sonst gerinnt sie.

KARTOFFELBALKEN

Die Kartoffeln waschen, schälen und an den beiden Enden gerade abschneiden. Die Knollen in ca. 1 cm dicke Scheiben, dann in ca. 1 cm breite Balken schneiden und sofort in eine Schüssel mit Wasser legen, bis alle Kartoffeln verarbeitet sind. Die Balken ca. 10 Minuten wässern.

Das Öl in einem Topf oder einer Friteuse auf 160 °C erhitzen. Die Kartoffelbalken aus dem Wasser nehmen, trockentupfen und im Öl goldgelb frittieren. Auf Küchenpapier abtropfen lassen und mit Salz und Pfeffer würzen.

ANRICHTEN

Die warmen Kalbskopfscheiben auf den Tellern verteilen, mit etwas Sud übergießen und mit Meersalz und schwarzem Pfeffer bestreuen. Das Wirsinggemüse daneben anrichten, und die Kartoffelbalken gitterförmig stapeln.

Käfer

KALBSBRIES MIT KARTOFFELNOCKEN UND STEINPILZEN IN KRÄUTERRAHMSAUCE

KALBSBRIES VORBEREITUNG

2 EL Olivenöl
2 Metzgerzwiebeln (weiße, milde Gemüsezwiebel), gewürfelt
1 Karotte, gewürfelt
1 Stange Lauch, gewürfelt
1/2 Knollensellerie gewürfelt
200 ml Rotweinessig
3 l Wasser
4 Gewürznelken, ganz
6 Lorbeerblätter, frisch
1 TL schwarze Pfefferkörner
1 TL Wacholderbeeren, zerstoßen
1 EL Zucker
1 kg Kalbsbries, 24 Stunden gewässert

KRÄUTERRAHMSAUCE

500 ml Kalbsjus (siehe Grundrezept S. 250)
100 ml Sahne
1 Zweig Rosmarin
1 Zweig Thymian
1 Stängel Blattpetersilie
1 Zweig Majoran
1 Zweig Estragon
1 EL kalte Butterflocken
Salz
frisch gemahlener schwarzer Pfeffer

STEINPILZE

300 g frische Steinpilze (falls saisonal vorhanden), ersatzweise Kräuterseitlinge
2 EL sardisches Olivenöl

KALBSBRIES VORBEREITUNG

In einem Topf das Olivenöl erhitzen und darin Zwiebeln, Karotte, Lauch und Sellerie farblos anschwitzen. Mit dem Essig und Wasser aufgießen, Lorbeerblätter, Pfefferkörner, Wacholderbeeren und Zucker zufügen und alles 15 Minuten kochen. Das Kalbsbries in den Sud legen und ca. 30 Minuten leicht wallend köcheln. Das Bries im Sud erkalten lassen, dann herausnehmen, von Haut und Adern befreien und in walnussgroße Stücke schneiden.

KRÄUTERRAHMSAUCE

Die Kalbsjus in einem kleinen Topf 5 Minuten kochen lassen. Die Sahne zugießen und erneut aufkochen. Die Kräuterzweige waschen, zupfen und fein hacken. Mit einem Pürierstab die kalten Butterflocken unter die Sauce mixen und die gehackten Kräuter unterrühren. Mit Salz und Pfeffer abschmecken.

STEINPILZE

Die Steinpilze mit einer Bürste oder einem feuchten Tuch putzen. Bei Bedarf mit einem Messer angeschlagene Stellen herausschneiden. Die Pilze der Länge nach halbieren und diagonal in Scheiben schneiden.

In einer Pfanne das Olivenöl erhitzen und darin die Steinpilze anbraten. Zum Schluss nach Belieben mit Salz und Pfeffer würzen.

KARTOFFELNOCKEN

Für die Kartoffelnocken vorab die Kartoffeln schälen und in leicht gesalzenem Wasser weich kochen.

Für den Brandteig die Milch mit der Butter in einem kleinen Topf erhitzen und das gesiebte Mehl mit dem Backpulver auf einmal in die kochende Flüssigkeit geben.

Salz
frisch gemahlener schwarzer Pfeffer

BRANDTEIG
140 ml Milch
100 g Butter
200 g Weizenmehl Type 405
2 Msp. Backpulver
4 Eier
3 Eigelb

KARTOFFELNOCKEN
REZEPT FÜR 1 KG KARTOFFELTEIG AUS 750 GRAMM KARTOFFELN
750 g mehlige Kartoffeln, geschält
Salz
frisch gemahlener weißer Pfeffer
Muskatnuss, frisch gerieben
2 EL Butter
1/2 TL Schnittlauchröllchen

ZUBEREITUNG KALBSBRIES
80 g Butter
vorbereitetes Kalbsbries, in Stücke geschnitten (siehe oben)
1 Zweig Thymian
1 Zweig Rosmarin
1 Knoblauchzehe, fein gehackt
Salz, frisch gemahlener schwarzer Pfeffer

ZUM ANRICHTEN
4 frittierte Knoblauchzehen (siehe Rezept Donauhuchen)

Mit einem Kochlöffel die Masse kräftig glatt rühren und abbrennen lassen, bis sich am Topfboden ein weißer Belag bildet. Die abgebrannte Masse vom Herd nehmen, etwas auskühlen lassen, und die Eier und das Eigelb einzeln nacheinander unterrühren.

Die Kartoffeln abgießen, kurz ausdampfen lassen, durch eine Presse drücken und mit der Mehlmasse zu einem glatten Teig verarbeiten. Den Kartoffelteig mit Salz, Pfeffer und Muskatnuss würzen. Die Kartoffelmasse im Kühlschrank etwa 30 Minuten ruhen lassen.

Einen Topf mit Wasser aufkochen. Mit einem Esslöffel Nocken aus dem Kartoffelteig abstechen und ins kochende Wasser geben. Die Nocken einmal aufkochen und für etwa 10 Minuten bei geringer Hitze ziehen lassen. In einer Pfanne die Butter hellbraun erhitzen, die Kartoffelnocken mit einer Schaumkelle aus dem Wasser nehmen und in der heißen Butter anbraten. Den Schnittlauch einstreuen und nochmals durchschwenken.

ZUBEREITUNG KALBSBRIES
Die Butter in einer Pfanne schaumig erhitzen und das vorbereitete Kalbsbries mit den gezupften Kräutern und dem Knoblauch anbraten. Dabei das Bries immer wieder mit der heißen Butter übergießen. Zum Schluss mit Salz und Pfeffer würzen und auf Küchenpapier abtropfen lassen.

ANRICHTEN
Das Kalbsbries mit den Kartoffelnocken und den Steinpilzen auf Tellern anrichten. Alles mit der aufgeschäumten Kräutersauce nappieren und mit einer frittierten Knoblauchzehe garnieren.

KALBSHAXE MIT BREZENKNÖDEL-GUGELHUPF UND KARAMELLISIERTEN GÄRTNERKAROTTEN

KALBSHAXE

2 kg Kalbshaxe
Salz
frisch gemahlener schwarzer Pfeffer
3 Karotten
1/4 Knollensellerie
1 Zwiebel
50 ml sardisches Olivenöl
500 g Kalbsknochen
2 Knoblauchzehen, zerdrückt
1 EL Tomatenmark
1 mittelgroße Petersilienwurzel, in Stücke geschnitten
3 Zweige Thymian
1 Zweig Rosmarin
300 ml Rotwein, trocken
1 TL Wacholderbeeren, zerstoßen
2 Lorbeerblätter, frisch
500 ml Rinderbouillon (siehe Grundrezept S. 246)

BREZENKNÖDEL-GUGELHUPF

5 trockene Brezen vom Vortag (ca. 400 g)
100 g Butter
80 g Zwiebel, fein gewürfelt
600 ml Milch
Salz
frisch gemahlener schwarzer Pfeffer
Muskatnuss, frisch gerieben
5 Eier
2 EL Blattpetersilie, gehackt
2 EL Weizenmehl
geklärte Butter zum Einfetten der Form

KALBSHAXE

Die Kalbshaxe waschen, trockentupfen und auf allen Seiten mit Salz und Pfeffer einreiben.

Die Karotten, den Sellerie und die Zwiebel schälen und in walnussgroße Stücke schneiden. Im Bräter das Olivenöl erhitzen, darin die Haxe von allen Seiten braun anbraten.

Die Haxe herausnehmen, und die Kalbsknochen in dem Öl bräunen. Die Zwiebel-, die Karotten- und Selleriestücke sowie den Knoblauch mitrösten. Das Tomatenmark, die Petersilienwurzel, die Thymian- und Rosmarinzweige zugeben, kurz anrösten und nach und nach mit dem Rotwein ablöschen. Die Flüssigkeit fast vollständig einkochen.

Die Kalbshaxe wieder in den Bräter legen, Wacholderbeeren und Lorbeerblätter zufügen und mit der Rinderbouillon sowie etwas Wasser angießen, sodass die Knochen und das Gemüse bedeckt sind.

Die Haxe im vorgeheizten Ofen bei 160 °C Ober-Unter-Hitze etwa 1 Stunde schmoren, dabei mehrmals wenden und immer wieder mit Bratensaft übergießen. Anschließend bei 200 °C für weitere 60 Minuten garen. Wenn sich das Fleisch zusammenzieht und beginnt, sich an der oberen Seite vom Knochen zu lösen, ist die Haxe fertig.

Das Fleisch aus dem Bräter nehmen und warmhalten. Den Bratensaft im Bräter auf dem Herd aufkochen. Knochen und Kräuter herausnehmen. Die Sauce mit einem Stabmixer pürieren und durch ein Sieb passieren. Mit Salz und Pfeffer abschmecken.

BREZENKNÖDEL-GUGELHUPF

Die trockenen Brezen in feine Scheiben schneiden und in eine Schüssel geben. Die Butter in einem Topf erhitzen und die Zwiebelwürfel darin glasig anschwitzen. Die Milch zu den Zwiebeln gießen, mit Salz, Pfeffer und Muskatnuss

Weizenmehl zum Bestäuben der Form
flüssige Butter zum Einpinseln

GÄRTNERKAROTTEN

20 Gärtnerkarotten mit Grün
100 g Butter
1 TL Zucker
100 ml Rinderbouillon (siehe Grundrezept S. 246)
Salz
frisch gemahlener schwarzer Pfeffer
Muskatnuss, frisch gerieben

würzen und aufkochen lassen. Die heiße Milch gleichmäßig über die Brezen gießen und alles in der Schüssel zugedeckt 15 Minuten ziehen lassen.

Die Eier trennen, und das Eiweiß zu Eischnee schlagen. Die Eigelb, die Petersilie und das Mehl mit einem Kochlöffel gleichmäßig unter die Masse rühren. Nach Belieben nachwürzen, dann den Eischnee vorsichtig unterheben.

Die Gugelhupfform mit geklärter Butter einfetten, mit Mehl bestäuben und den Brezenknödelteig einfüllen. Im Ofen ein Backblech mit ca. 1 Liter heißem Wasser füllen und die Gugelhupfform daraufstellen. Den Gugelhupf im vorgeheizten Ofen etwa 40 Minuten bei 170 °C Unter-Ober-Hitze backen. Für die Garprobe mit einer Nadel in den Teig stechen. Ist die Nadel heiß, kann er aus der Form gestürzt werden. Am Ende mit heißer Butter einpinseln.

TIPP: Den Teig mit einem Kochlöffel und nicht mit den Händen bearbeiten, da er sonst matschig wird und die feine Marmorierung verliert.

GÄRTNERKAROTTEN

Die Karotten schälen, das Grün bis auf etwa 1 cm abschneiden und in kochendem Salzwasser bissfest blanchieren. In Eiswasser abschrecken. In einem Topf die Butter erhitzen und die Karotten zugeben. Mit Zucker bestreuen und karamellisieren. Nach und nach etwas Rinderbouillon angießen und die Flüssigkeit immer wieder einkochen lassen. Nach ca. 5 Minuten mit Salz, Pfeffer und Muskat abschmecken.

ANRICHTEN

Die Haxe vom Knochen lösen, in Scheiben schneiden und mit dem Gugelhupf und den Karotten anrichten. Die Sauce separat dazu reichen.

KALBSLEBER MIT KARTOFFELSCHMARRN, BOHNENKERNEN, ROTWEIN- UND RÖSTSCHALOTTEN

KARTOFFELSCHMARRN

500 g festkochende Kartoffeln (geeignete Sorten: Agata, Linda, Nicola)
2 Eier
125 g Weizenmehl Type 405
100 ml Milch
30 ml geklärte Butter (siehe Grundrezept S. 272)
1 TL Majoranblättchen, frisch und gezupft
Salz
frisch gemahlener schwarzer Pfeffer
Muskatnuss, frisch gerieben

BOHNENKERNE

250 g frische grüne Bohnenkerne (z. B. Saubohnen)
1 EL Butter
Salz
frisch gemahlener schwarzer Pfeffer
1 Zweig Bohnenkraut, gezupft

SAUCE

4 Schalotten
Pflanzenöl zum Braten
100 ml Rotwein, trocken (Weinempfehlung siehe Produzentenverzeichnis)
100 ml roter Portwein
2 Zweige Majoran
2 Zweige Thymian
200 ml Kalbsjus (siehe Grundrezept S. 250)
Salz
frisch gemahlener schwarzer Pfeffer

KARTOFFELSCHMARRN

Die Kartoffeln schälen und in Salzwasser halb gar kochen. Die Kartoffeln abgießen, kurz auskühlen lassen und mit einer Gemüsereibe grob raspeln. Die Eier trennen. Die Eigelb, das Mehl und die Milch zu einem Teig anrühren. Das Eiweiß schaumig schlagen und kühl stellen. Die geriebenen Kartoffeln unter den Teig rühren, mit Salz, Pfeffer und Muskatnuss abschmecken. Anschließend das Eiweiß vorsichtig unterheben.

In einer beschichteten Pfanne die geklärte Butter erhitzen. Den Teig ca. 1 cm hoch einfüllen und bei geringer Hitze ca. 4 bis 5 Minuten goldbraun backen. In zwei Hälften teilen und wenden. Die zweite Seite ebenfalls goldbraun backen, und den Kartoffelschmarrn mit einem Holzspachtel in kleine Stücke zerteilen. Die Majoranblättchen darüberstreuen und alles nochmals kurz durchschwenken.

BOHNENKERNE

Die Bohnenkerne in leicht gesalzenem Wasser kurz blanchieren und in Eiswasser abschrecken. Die weiße Haut mit den Fingern von den Bohnenkernen schälen.

Die Butter in einem Topf erhitzen, und die Bohnenkerne anschwitzen. Mit Salz und Pfeffer würzen. Das Bohnenkraut zugeben und nochmals durchschwenken.

SAUCE

Die Schalotten schälen und in Ringe schneiden. In etwas heißem Öl farblos andünsten und mit dem Rotwein und dem Portwein aufgießen. Den Majoran und den Thymian zugeben und alles auf ein Drittel reduzieren. Die Kalbsjus zugießen und etwa 10 Minuten einkochen lassen. Die Sauce durch ein Sieb passieren, nochmals aufkochen und mit Salz und Pfeffer abschmecken.

KALBSLEBER

8 Scheiben Kalbsleber à 90 g

100 g Wiener Grießler (doppelgriffiges Weizenmehl der Type 405)

150 ml geklärte Butter (siehe Grundrezept S. 272)

Salz

frisch gemahlener schwarzer Pfeffer

ZUM ANRICHTEN

4 EL Schmand (ersatzweise Sauerrahm)

Rotweinschalotten (siehe Grundrezept S. 258)

Röstschalotten (siehe Grundrezept S. 258)

KALBSLEBER

Die Kalbsleber im Wiener Grießler wenden und in der heißen Butter kurz und kräftig auf beiden Seiten anbraten. Auf Küchenpapier abtropfen lassen und mit Salz und Pfeffer würzen.

ANRICHTEN

Den Kartoffelschmarrn auf die Teller geben und die Leber darauf anrichten. Die Bohnenkerne mit einem Löffel verteilen. Die Leber mit 1 EL Schmand garnieren. Die Rotweinschalotten und die Röstschalotten zugeben und alles mit der Sauce nappieren.

Die Käfer Wies'n-Schänke wird auf der Theresienwiese unter den Augen der Bavaria aufgebaut.

W37
Käfer

GEBACKENE KALBSZUNGE AUF KAROTTENPÜREE MIT GLASIERTEN MOOSBEEREN UND PETERSILIENÖL

KALBSZUNGE

2 Kalbszungen
3 l Kochsud (siehe Rezept Kalbskopf S. 107)
3/4 Kastenweißbrot (ersatzweise Toastbrot)
3 Eier
100 ml Milch
Salz
frisch gemahlener schwarzer Pfeffer
3 EL Mehl
250 ml geklärte Butter (siehe Grundrezept S. 272)
2 Bio-Zitronen

MOOSBEEREN

20 g Butter
100 g frische Moosbeeren (Cranbeeries)
1 TL Puderzucker
50 ml roter Portwein
50 ml Rotwein, trocken
Saft und Abrieb von 1 Bio-Orange

KAROTTENPÜREE

700 g Karotten, Bioqualität
500 ml Milch
Salz
frisch gemahlener weißer Pfeffer
Muskatnuss, frisch gerieben
65 g Butter

Petersilienöl zum Anrichten (siehe Grundrezept S. 264)

KALBSZUNGE

Die Kalbszungen in dem Kochsud etwa 1,5 Stunden weich kochen. Die Zungen im Sud abkühlen lassen, herausnehmen, häuten und trockentupfen. Jede Zunge der Länge nach in 4 Scheiben schneiden.

Das Kastenweißbrot entrinden, in grobe Würfel schneiden und in der Küchenmaschine zu feinen Bröseln verarbeiten. Die Eier mit der Milch verquirlen. Die Zungenscheiben mit Salz und Pfeffer würzen und panieren. Dafür die Scheiben in Mehl wenden, durch die Eier-Milch-Mischung ziehen und in den Weißbrotbröseln wälzen.

Die geklärte Butter in einer Pfanne erhitzen, und die panierten Zungenscheiben in der heißen Butter goldgelb backen. Auf Küchenpapier abtropfen lassen.

MOOSBEEREN

Die Butter erhitzen. Die Moosbeeren zugeben, mit dem Puderzucker bestäuben und karamellisieren. Mit Portwein und Rotwein ablöschen und einreduzieren. Orangensaft und Orangenabrieb zufügen und durchschwenken.

KAROTTENPÜREE

Die Karotten schälen und in kleine Würfel schneiden. Die Milch in einem Topf erhitzen und mit etwas Salz, Pfeffer und Muskatnuss würzen. Die Karottenwürfel zugeben und in der Milch weich kochen. Anschließend gut pürieren. Dabei die Butter nach und nach zugeben und aufmixen. Mit Salz, Pfeffer und Muskat abschmecken. Für ein feineres Püree, die Karotten durch ein feines Sieb streichen.

ANRICHTEN

Die Kalbszungenscheiben mit dem Karottenpüree auf Tellern anrichten. Die Moosbeeren auf den Kalbszungenscheiben verteilen, mit Petersilienöl beträufeln.

IN ROTWEIN GESCHMORTES RINDERHERZ MIT KARTOFFELPÜREE, ROMANESCO UND PFEFFERSCHAUM

RINDERHERZ

ca. 2 kg Rinderherz
Salz
frisch gemahlener schwarzer Pfeffer
20 ml sardisches Olivenöl
200 g rote Zwiebeln, gewürfelt
150 g Karotten, gewürfelt
150 g Knollensellerie, gewürfelt
1 Knoblauchzehe, geschält
3 Zweige Thymian
1 Zweig Rosmarin
2 EL Tomatenmark
400 ml Rotwein, trocken
60 ml passierte Tomaten
90 ml weißer Portwein
2 EL Balsamicoessig
1 l Rinderbouillon (siehe Grundrezept S. 246)
3 Lorbeerblätter, frisch
5 Wacholderbeeren
5 schwarze Pfefferkörner
1 TL Thymianblättchen
2 EL kalte Butterflocken

ROMANESCO

1 Romanesco (ca. 600 g)
2 EL Butter
100 ml Blanchierfond
Salz
frisch gemahlener schwarzer Pfeffer
Muskatnuss, frisch gerieben

RINDERHERZ

Das Herz von Fett und Knorpeln befreien und mit Salz und Pfeffer würzen. Das Öl in einem großen Topf oder Bräter erhitzen, und das Fleisch von allen Seiten dunkelbraun anbraten. Das Fleisch aus dem Bräter nehmen.

Die Zwiebel-, Karotten- und Selleriewürfel, Knoblauch sowie Thymian- und Rosmarinzweige zufügen und anrösten, bis das Gemüse Farbe angenommen hat. Das Tomatenmark kurz mitrösten, mit 1/3 des Rotweins ablöschen, und die Flüssigkeit fast vollständig einreduzieren.

Die passierten Tomaten zugeben und kurz einkochen, bis das Gemüse wieder zu braten beginnt. Mit dem restlichen Rotwein, dem Portwein und dem Balsamicoessig ablöschen und die Flüssigkeit erneut vollständig einreduzieren.

Mit der Rinderbouillon aufgießen, die Lorbeerblätter, Wacholderbeeren und Pfefferkörner zufügen. Das Herz im zugedeckten Topf bei 150 °C Heißluft im vorgeheizten Backofen für ca. 2 Stunden schmoren. Dabei das Fleisch mehrmals wenden und mit Bratenfond übergießen.

Das Fleisch herausnehmen und warmstellen. Die Sauce durch ein feines Sieb passieren, dabei das Gemüse mit einem Löffel kräftig ausdrücken.

Die Sauce nochmals aufkochen, mit Salz und Pfeffer abschmecken. Die kalten Butterflocken zufügen und alles mit einem Pürierstab aufmixen. Die gezupften Thymianblättchen einrühren.

ROMANESCO

Vom Romanesco den Strunk entfernen und mit einem kleinen Messer gleich große Röschen abtrennen. Die Romanescoröschen in kochendem Salzwasser bissfest blanchieren und in Eiswasser abschrecken. 100 ml des Blanchierfonds beiseitestellen.

WEISSER PFEFFERSCHAUM

ZUTATEN FÜR CA. 0,5 LITER

2 EL Butter

1/2 Zwiebel, fein gewürfelt

2 EL weiße Pfefferkörner, zerstoßen

100 ml Sherry

300 ml Rinderbouillon (siehe Grundrezept S. 246)

300 ml flüssige Sahne

Salz

Zucker

2 EL kalte Butterflocken

PERLZWIEBELN

20 frische Perlzwiebeln

1 EL Butter

1 TL Waldhonig

Salz

frisch gemahlener schwarzer Pfeffer

ZUM ANRICHTEN

100 g Röstschalotten (siehe Grundrezept S. 258)

600 g Kartoffelpüree (siehe Grundrezept S. 259)

In einer Pfanne die Butter zergehen lassen und darin die Röschen heiß schwenken. Dabei nach und nach etwas von dem Blanchierfond angießen und mit Salz, Pfeffer und Muskatnuss abschmecken.

WEISSER PFEFFERSCHAUM

Die Butter in einem kleinen Topf zergehen lassen und die Zwiebelwürfel darin glasig anschwitzen. Die Pfefferkörner kurz zugeben. Mit dem Sherry ablöschen, und die Flüssigkeit fast vollständig einkochen lassen. Mit der Rinderbouillon auffüllen und bis auf 2/3 einkochen lassen.

Den Fond durch ein feines Sieb passieren, die Sahne dazugeben und erneut aufkochen. Mit einer Prise Salz und Zucker abschmecken. Die kalten Butterflocken zugeben, und die Sauce mit einem Pürierstab schaumig aufmixen.

TIPP: Die Sauce darf nach Zugabe der Butterflocken nicht mehr kochen, sonst verliert sie die Bindung. Das Rezept gelingt mit den Angaben für 0,5 l am besten. Für eine geringere Saucenmenge, Zutaten nach Geschmack variieren.

PERLZWIEBELN

Die Perlzwiebeln schälen und in Salzwasser bissfest blanchieren. Die Butter in einer Pfanne erhitzen und die Perlzwiebeln goldgelb anbraten. Den Waldhonig zugeben und die Zwiebeln glacieren. Mit Salz und Pfeffer würzen.

ANRICHTEN

Das Kartoffelpüree auf Teller geben. Das Rinderherz in Scheiben schneiden und verteilen, mit der Rinderherzsauce nappieren. Den Romanesco und die Perlzwiebeln anlegen. Die Röstschalotten auf das Kartoffelpüree setzen. Mit dem frisch aufgemixten Pfefferschaum garnieren.

BEINFLEISCH VOM MASTOCHSEN MIT RAHMSPINAT UND BRATKARTOFFELN

ZUTATEN FÜR 2 KG BEINFLEISCH UND 2 LITER BRÜHE

2 kg Beinfleisch vom Rind, ersatzweise Querrippe (vom Metzger portionieren lassen)
4 l Wasser
1 Zwiebel
1 große Karotte
1/4 Knolle Sellerie
2 Knoblauchzehen, zerdrückt
1/2 EL Wacholderbeeren zerstoßen
1/2 EL gelbe Senfkörner
1/2 EL schwarze Pfefferkörner
3 Zweige Thymian
2 Lorbeerblätter, frisch
3 Gewürznelken, ganz
1/4 Stange Lauch
3 Stängel Blattpetersilie
Salz
frisch gemahlener schwarzer Pfeffer

GEMÜSE-JULIENNE

50 g Karotten
50 g Sellerie
50 g Lauch
Salz
frisch gemahlener schwarzer Pfeffer
50 g Meerrettich, geschabt, zum Anrichten

BEINFLEISCH

Das Beinfleisch in kochendes Wasser geben und einmal aufkochen. Dann das Wasser abgießen und das Fleisch kalt abspülen. Im gleichen Topf das Fleisch erneut mit kaltem Wasser ansetzen und etwa 30 Minuten leicht köcheln lassen. Dabei den entstehenden Schaum mehrmals mit einer Schöpfkelle abschöpfen.

Die Zwiebel halbieren und mit der Schnittfläche nach unten in einer Pfanne dunkel bräunen. Die Karotte und den Sellerie waschen, schälen und in walnussgroße Stücke schneiden. Die Zwiebelhälften, das klein geschnittene Gemüse und die Knoblauchzehen mit Wacholderbeeren, Senf-, Pfefferkörnern, Thymian, Lorbeerblättern und den Gewürznelken zum Fleisch und der Brühe geben. Alles für etwa 1 Stunde leicht köcheln lassen, bis das Fleisch weich ist. Ca. 15 Minuten vor Ende der Kochzeit den Lauch sowie die gewaschenen Petersilienstängel dazugeben und alles gar ziehen lassen.

Das Beinfleisch aus der Brühe nehmen, die Brühe durch ein sauberes Tuch passieren und nach Belieben mit Salz und Pfeffer nachwürzen. Zum Warmhalten das Fleisch bis zum Anrichten wieder in die Brühe legen.

GEMÜSE-JULIENNE

Die Karotten und den Sellerie schälen und in etwa 2 mm dünne Scheiben schneiden. Dann die Scheiben in feine Streifen schneiden. Den Lauch halbieren und waschen. Die Lauchblätter übereinanderlegen und ebenfalls in feine Streifen schneiden.

Von der Beinfleischbrühe etwa 250 ml in einen kleinen Topf geben, und die Juliennestreifen darin einmal kurz aufkochen lassen. Mit Salz und Pfeffer abschmecken.

BRATKARTOFFELN

500 g festkochende Kartoffeln (geeignete Sorten: Agata, Linda, Grenaille)
1 Knoblauchzehe
1 Zweig Thymian
1 TL Kümmel
50 ml geklärte Butter (ersatzweise Butterschmalz)
2 Schalotten, in Streifen geschnitten
2 Lauchzwiebeln, in Ringe geschnitten
Salz
frisch gemahlener schwarzer Pfeffer

RAHMSPINAT

600 g frischer Blattspinat
50 g Butter
1 Schalotte, fein gewürfelt
1/2 Knoblauchzehe, fein gehackt
200 ml Béchamelsauce (siehe Grundrezept S. 257)
Salz
frisch gemahlener schwarzer Pfeffer
Muskatnuss, frisch gerieben
1 EL geschlagene Sahne

Lederhosen der Firma Meindl speziell für Käfer angefertigt, mit Stickereien im typischen Käfer-Rot.

BRATKARTOFFELN

Die Kartoffeln waschen und zusammen mit der Knoblauchzehe, dem Thymian und dem Kümmel in Salzwasser weich kochen. Die Kartoffeln sofort pellen, dann abkühlen lassen und kalt in Scheiben schneiden.

In einer Pfanne die geklärte Butter erhitzen und die Kartoffelscheiben darin goldbraun anrösten. Wenn die Kartoffeln Farbe angenommen haben, die Schalottenstreifen und die Lauchzwiebeln zugeben und alles durchschwenken. Mit Salz und Pfeffer abschmecken.

RAHMSPINAT

Den Spinat putzen, waschen und in kochendem Salzwasser kurz blanchieren. In Eiswasser abschrecken und in einem Tuch kräftig ausdrücken. Die Blätter mit einem Messer grob hacken.

In einem Topf die Butter zergehen lassen und darin die Schalottenwürfel und den Knoblauch glasig anschwitzen. Den Spinat zugeben, alles kurz durchschwenken und die heiße Béchamelsauce darübergeben. Mit Salz, Pfeffer und Muskatnuss abschmecken. Am Schluss die geschlagene Sahne unterheben.

ANRICHTEN

Das Beinfleisch auf Teller geben und mit etwas heißer Brühe nappieren. Den Spinat und die Bratkartoffeln an der Seite anrichten. Die Juliennestreifen über dem Fleisch verteilen und mit geschabtem Meerrettich garnieren.

TIPP: Nimmt man ein großes Stück Fleisch, erhält die Brühe einen intensiveren Geschmack. Reste der Brühe können sehr gut eingefroren werden. Fleischreste in der Brühe abkühlen lassen, damit sie nicht austrocknen.

KRONFLEISCH AUF SAUREM KARTOFFELGEMÜSE

KRONFLEISCH

1 kg Kronfleisch (Zwerchfellfleisch vom jungen Rind)
500 g Rindermarkknochen
4 l Wasser
1 Zwiebel
1 große Karotte
1/4 Knolle Sellerie
1/4 Stange Lauch
2 Knoblauchzehen, zerdrückt
1/2 EL Wacholderbeeren, zerstoßen
1/2 EL gelbe Senfkörner
1/2 EL schwarze Pfefferkörner
3 Zweige Thymian
2 Lorbeerblätter, frisch
3 Gewürznelken, ganz
3 Stängel Blattpetersilie
Salz
frisch gemahlener schwarzer Pfeffer

KARTOFFELGEMÜSE

500 g festkochende Kartoffeln (geeignete Sorten: Agata, Linda, Nicola)
1 Petersilienwurzel
1 Karotte
2 Stangen Staudensellerie
1/4 Stange Lauch
1 EL Butter
200 ml Rinderbouillon (siehe Grundrezept S. 246)
200 ml Milch
40 g Mehlbutter (siehe Grundrezept S. 271)

KRONFLEISCH

Das Kronfleisch und die Markknochen in kochendem Wasser einmal aufkochen, das Wasser abgießen und das Fleisch und die Knochen kalt abwaschen. Im selben Topf beides erneut mit kaltem Wasser ansetzen und etwa 30 Minuten leicht köcheln lassen. Dabei den Schaum mehrmals mit einer Schöpfkelle abschöpfen.

Die Zwiebel mit Schale halbieren und mit der Schnittfläche nach unten in einer Pfanne dunkel bräunen. Karotten, Sellerie und Lauch waschen, schälen und in walnussgroße Würfel schneiden. Die Zwiebelhälften, die Karotten- und Selleriewürfel sowie die zerdrückten Knoblauchzehen mit Wacholderbeeren, Senf- und Pfefferkörnern, dem Thymian, Lorbeerblättern und Nelken in die Brühe geben und alles zusammen für etwa 1 Stunde leicht köcheln, bis das Fleisch weich ist.

15 Minuten vor Ende der Kochzeit den Lauch und die gewaschenen Petersilienstängel zufügen und gar ziehen lassen. Das Kronfleisch aus der Brühe nehmen, die Brühe durch ein Tuch passieren und nach Belieben mit Salz und Pfeffer abschmecken. Das Fleisch bis zum Servieren in der Brühe warmhalten.

KARTOFFELGEMÜSE

Die Kartoffeln waschen, schälen und in 1,5 cm große Würfel schneiden. Die Petersilienwurzel und die Karotte schälen und ebenfalls in 1,5 cm große Würfel schneiden. Den Staudensellerie waschen, mit einem Messer die Fäden abziehen und mit dem gewaschenen halbierten Lauch ebenso in 1,5 cm große Würfel schneiden.

Die Butter in einem Topf erhitzen und zunächst die Kartoffel-, Petersilienwurzel- und Karottenwürfel darin glasig andünsten. Mit der Rinderbouillon und der Milch

1 Zweig Majoran
1 Zweig Kerbel
4 EL weißer Balsamicoessig
Salz
frisch gemahlener schwarzer Pfeffer

ZUM ANRICHTEN

Meersalz
frisch gemahlener schwarzer Pfeffer
50 g Meerrettich, fein geschabt

aufgießen und etwa 5 Minuten leicht köcheln. Den Sellerie und den Lauch dazugeben und erneut etwa 3 Minuten kochen. Mit der Mehlbutter abbinden, die gehackten Majoranblättchen und den gehackten Kerbel unterziehen und mit dem Balsamicoessig, Salz und Pfeffer abschmecken.

ANRICHTEN

Das Kartoffelgemüse auf Teller geben. Das Kronfleisch portionieren, auf dem Gemüse anrichten und nach Belieben mit Meersalz und schwarzem Pfeffer bestreuen. Den geschabten Meerrettich darüber verteilen. Mit der heißen Brühe nappieren.

Jäger Ernst Schellmoser und Anderas Schinharl vor der beeindruckenden Bergkulisse des Watzmann.

OCHSENSCHWANZPRALINE MIT SCHUPFNUDELN UND BLAUKRAUT

VORBEREITUNG OCHSENSCHWÄNZE

2 Ochsenschwänze (ca. 2 kg)
Salz, frisch gemahlener schwarzer Pfeffer
150 g Kastenweißbrot
150 g frische Pfifferlinge
150 g frische Steinpilze
50 g geklärte Butter (siehe Grundrezept S. 272)
1 TL Blattpetersilie, gehackt
1 TL Thymian, gehackt
1/2 TL Rosmarin, gehackt
10 g Steinpilzpulver (gemahlene und getrocknete Steinpilze, erhältlich im Gewürzfachhandel)
350 g Kalbsfarce (siehe Grundrezept S. 262)

SAUCE

1 kg ausgelöste Ochsenschwanzknochen
50 ml sardisches Olivenöl
1 Karotte
1 Stange Lauch
1/2 Knollensellerie
2 Zwiebeln
1 Knoblauchzehe
2 Zweige Rosmarin
2 Zweige Thymian
3 Lorbeerblätter, frisch
1 EL Wacholderbeeren
100 g Tomatenmark
200 ml roter Portwein
500 ml Rotwein, trocken (Emfehlung siehe Produzentenverzeichnis)

VORBEREITUNG OCHSENSCHWÄNZE

Die Ochsenschwänze auslösen ohne das Muskelgewebe zu verletzen. Sie können sie auch vom Metzger vorbereiten lassen. Das Fleisch mit Salz und Pfeffer würzen.

Das Kastenweißbrot entrinden, in feine Würfel schneiden und in einer Pfanne mit 30 g der geklärten Butter goldgelb rösten. Die Brotwürfel auf Küchenpapier abtropfen lassen.

Die Pfifferlinge und Steinpilze mit einem feuchten Tuch putzen und in ca. 0,5 x 0,5 cm große Würfel schneiden. Die Pilzwürfel in der restlichen geklärten Butter anschwitzen und die gehackte Petersielie, den Thymian und den Rosmarin sowie das Steinpilzpulver zufügen. Die Pilzmasse in einem feinen Sieb abtropfen und auskühlen lassen. Anschließend mit den Weißbrotcroutons vorsichtig unter die Kalbsfarce mengen.

Die Ochsenschwänze auf ein Stück Backpapier legen, und die Kalbsfarcemischung mit einem Spritzbeutel ca. 1,5 cm breit in die Mitte des Ochsenschwanzes spritzen. Die Ochsenschwänze zunächst in das Backpapier einrollen, dann in Alufolie. Die Rolle mit einem Bindfaden fest verschnüren und ca. 60 Minuten in kochendem Wasser wallend garen.

SAUCE

Für die Sauce die Knochen in einem großen Topf oder Bräter mit etwas Öl scharf anrösten. Die walnussgroß geschnittene Karotte, Lauch und Sellerie, die Zwiebeln und den Knoblauch sowie die Kräuter zugeben und mitrösten. Das Tomatenmark zufügen und kurz anrösten. Mit 1/3 des Portweins und 1/3 des Rotweins ablöschen, und die Flüssigkeit fast vollständig reduzieren. Den Vorgang dreimal wiederholen, bis der Rotwein und der Portwein vollkommen

2 l Rinderbouillon (siehe Grundrezept S. 246)
Salz, frisch gemahlener schwarzer Pfeffer

ZUBEREITUNG OCHSENSCHWANZPRALINE

1 Schweinenetz, gut gewässert (erhältlich beim Metzger)
etwas Olivenöl zum Anbraten

SCHUPFNUDELN

500 g mehlige Kartoffeln
150 g Weizenmehl Type 405
2 Eigelb
Salz
frisch gemahlener schwarzer Pfeffer
Muskatnuss, gerieben
1 TL Kümmelsamen
2 EL Butterschmalz oder geklärte Butter (siehe Grundrezept S. 272)

FRITTIERTE PETERSILIE

2 Bund Blattpetersilie
250 ml Rapsöl

aufgebraucht und eingekocht sind.

Anschließend mit der Rinderbouillon aufgießen und mit Salz und Pfeffer würzen. Die Sauce etwa 30 Minuten köcheln lassen.

ZUBEREITUNG OCHSENSCHWANZPRALINE

Die Ochsenschwanzrolle aus dem heißen Wasser nehmen, aus der Folie und dem Backpapier wickeln und in etwas Öl anbraten. Die Ochsenschwänze in die Sauce legen und ca. 1,5 Stunden weich schmoren. Das Fleisch aus der Sauce nehmen, mit einem feuchten Tuch abdecken und kalt stellen. Die Sauce durch ein feines Sieb passieren und nach Geschmack etwas einkochen.

Das gewässerte Schweinenetz auf einer Arbeitsfläche ausbreiten, mit einem sauberen Geschirrtuch abdecken und mit dem Nudelholz trocken rollen.

Die Ochsenschwänze abkühlen lassen und in 5 cm dicke Scheiben schneiden. Jede Scheibe einzeln in ein Stück Schweinenetz einschlagen. Die Fleischstücke in heißem Olivenöl von beiden Seiten anbraten und ca. 10 Minuten bei 160 °C im vorgeheizten Ofen fertig garen.

SCHUPFNUDELN

Die Kartoffeln waschen und mit dem Kümmel weich kochen. Anschließend pellen und heiß durch die Kartoffelpresse drücken. Das Mehl über die Kartoffeln sieben, mit Salz, Pfeffer, Muskatnuss und Kümmel würzen, das Eigelb zufügen und alles rasch zu einem Teig kneten. Zügig weiterverarbeiten, da er sonst weich wird.

Auf einer bemehlten Arbeitsplatte den Teig zu einer Rolle formen, in kleine Stücke schneiden. Mit dem Zeige- und Mittelfinger zu halbmondförmigen, fingerlangen Nudeln drehen und auf ein leicht bemehltes Blech legen. Dabei die

ZUM ANRICHTEN

Blaukraut (siehe Rezept Bayrische Frühmastente S. 162)

Finger, die Schupfnudeln und die Arbeitsplatte immer wieder mit etwas Mehl bestäuben, damit der Teig nicht daran kleben bleibt.

Die fertigen Nudeln in siedendem Salzwasser ca. 5 Minuten ziehen lassen. Dann herausnehmen und in einer Pfanne mit Butterschmalz goldbraun anbraten.

FRITTIERTE PETERSILIE

Die Petersilienblätter abzupfen und in dem heißen Öl kurz frittieren. Auf Küchenpapier abtropfen lassen.

ANRICHTEN

Das Blaukraut auf Teller verteilen und die Schupfnudeln in Form eines Gitters daneben anrichten. Die Ochsenschwanzpraline auf das Blaukraut geben und mit der reduzierten Soße nappieren. Das Fleisch mit der frittierten Petersilie garnieren.

OCHSENKOTELETT MIT OFENKARTOFFELN, SCHNITTLAUCHSAUERRAHM UND KONFIERTEN KIRSCHTOMATEN

OCHSENKOTELETTS

2 kg Ochsenkotelett
400 ml sardisches Olivenöl
6 Zweige Thymian
3 Zweige Rosmarin
3 Knoblauchzehen, zerdrückt
1 TL schwarze Pfefferkörner
60 ml geklärte Butter (siehe Grundrezept S. 272)

KIRSCHTOMATEN

600 g Kirschtomaten mit Grün
200 ml sardisches Olivenöl
2 Zweige Rosmarin
2 Zweige Thymian
3 Stängel Basilikum
2 Knoblauchzehen, zerdrückt
1 EL Puderzucker
Salz
frisch gemahlener schwarzer Pfeffer

OFENKARTOFFELN

4 große mehlige Kartoffeln (geeignete Sorten: Adretta, Irmgard, Datura)
Meersalz
frisch gemahlener schwarzer Pfeffer
1 El Kümmelsamen
20 g Butter

OCHSENKOTELETTS

Die Ochsenkoteletts in einem Behälter mit dem Olivenöl, der Hälfte der Kräuterzweige, den Knoblauchzehen und den Pfefferkörnern einlegen und zugedeckt im Kühlschrank 4 Tage marinieren. Anschließend das Öl abgießen, beiseitestellen und das Fleisch trocken tupfen.

In einer großen Bratpfanne etwas von dem aufgefangenen Öl erhitzen und die Steaks auf beiden Seiten scharf und braun anbraten. Das Fleisch auf ein Gitter legen und im vorgeheizten Ofen bei 100 °C Unter-Ober-Hitze je nach Dicke 20 bis 45 Minuten fertig garen. Das Fleisch sollte eine Kerntemperatur von etwa 55 °C haben.

In einer Pfanne die geklärte Butter erhitzen. Die restlichen Kräuter hacken und in die Butter geben. Die Steaks aus dem Ofen nehmen und in die Pfanne legen. Etwa 3 Minuten lang immer wieder mit einem Löffel mit der heißen Butter und den Kräutern beträufeln. Die Steaks auf Küchenpapier kurz abtropfen lassen und anrichten.

TIPP: Die Ochsenkoteletts frühzeitig beim Metzger bestellen, um bestens gereifte Ware zu erhalten. Beim Kauf nach dem Schlachtdatum fragen. Die Reifezeit sollte 14 Tage betragen, sonst wird das Fleisch nicht zart.

KIRSCHTOMATEN

Die Kirschtomaten waschen und trockentupfen. In ein feuerfestes Gefäß geben und mit Puderzucker bestreuen. Das Öl, die Kräuter und den Knoblauch zugeben und zugedeckt im Ofen bei 100 °C Unter-Ober-Hitze etwa 15 Minuten schmoren. Anschließend herausnehmen, auf Küchenpapier abtropfen lassen und nach Belieben mit Salz und Pfeffer würzen.

SCHNITTLAUCHSAUERRAHM

500 g halbfetter Magerquark
200 g Sauerrahm
1 Bund Schnittlauch
100 g Schalotten, fein gewürfelt
2 Knoblauchzehen, fein gehackt
1 EL Zitronensaft, frisch gepresst
Tabasco
Salz
frisch gemahlener schwarzer Pfeffer

OFENKARTOFFELN

Die Kartoffeln gründlich mit lauwarmem Wasser waschen. Aus der Alufolie vier, für die Kartoffeln ausreichend große Stücke schneiden. Auf jedes Stück etwas Meersalz, Pfeffer und Kümmel geben. Die Kartoffeln mehrmals einstechen und auf die Folie legen. Auf jede Kartoffel ein kleines Stück Butter geben und fest in die Alufolie einwickeln.

Die Kartoffeln im vorgeheizten Ofen bei 200 °C Heißluft je nach Kartoffelgröße etwa 40 bis 50 Minuten garen.

SCHNITTLAUCHSAUERRAHM

Den Quark mit dem Sauerrahm cremig verrühren. Den gewaschenen Schnittlauch in feine Röllchen schneiden und mit den Schalottenwürfeln und dem gehackten Knoblauch gut vermengen. Einen Spritzer Tabasco und den Zitronensaft unterrühren und mit Salz und Pfeffer abschmecken.

ANRICHTEN

Die Kartoffeln aus dem Ofen nehmen, über Kreuz einschneiden und mit den Händen aufdrücken. Auf die Teller legen und mit dem Schnittlauchsauerrahm füllen. Die Ochsenkoteletts auf die Teller geben und mit den Kirschtomaten anrichten.

Der neue Breznständer auf der Wies'n – ein echtes Hirschgeweih

POLTINGER LAMMRÜCKEN MIT JUSKARTOFFELN UND BOHNENRAGOUT

KRÄUTERKRUSTE

1 Zweig Thymian
1 Zweig Rosmarin
1 kleiner Bund Blattpetersilie
1 Bund Basilikum
6 Scheiben Toastbrot
2 Knoblauchzehen

LAMMRÜCKEN

2 Lammkarrees mit Knochen à 400 g (Empfehlung siehe Produzentenverzeichnis)
Salz
frisch gemahlener schwarzer Pfeffer
20 ml sardisches Olivenöl
1 EL grober Basilikumsenf (siehe Grundrezept S. 269)

BOHNENRAGOUT

100 g frische grüne Bohnenkerne (z. B. Saubohnen)
50 g schwarze getrocknete Bohnen
50 g weiße getrocknete Bohnen
50 g rote getrocknete Bohnen
2 Schalotten, fein gewürfelt
1 Knoblauchzehe, gehackt
50 g kalte Butter
Salz
frisch gemahlener schwarzer Pfeffer
1 Zweig Thymian
1 Zweig Bohnenkraut
Saft von 1/2 Bio-Zitrone

KRÄUTERKRUSTE

Die Kräuter waschen, trockentupfen und fein hacken. Die Toastbrotscheiben in einer Küchenmaschine fein zerkleinern. Anschließend die Kräuter zugeben und alles nochmals mixen. Zum Schluss den Knoblauch schälen, klein schneiden und unterrühren.

LAMMRÜCKEN

Die Lammkarrees mit Salz und Pfeffer würzen und in einer Pfanne in heißem Olivenöl von beiden Seiten scharf anbraten. Das Fleisch auf ein Gitter legen und im vorgeheizten Ofen bei 140 °C Heißluft etwa 7 Minuten rosa braten. Die Kerntemperatur des Fleisches sollte 54 °C nicht überschreiten (Bratthermometer verwenden).

Das Lamm aus dem Ofen nehmen, und den Ofen auf Oberhitze mit Grillfunktion stellen. Das Fleisch mit dem Basilikumsenf bestreichen, die Kräuterkrustenmischung darauf verteilen und leicht andrücken. Die Lammkarrees für etwa 1 Minute im Ofen goldbraun gratinieren.

BOHNENRAGOUT

Die einzelnen Bohnensorten getrennt 24 Stunden in Wasser einlegen.

Die frischen grünen Bohnenkerne kurz in kochendem Salzwasser blanchieren und in Eiswasser abschrecken. Die weiße Haut mit den Fingern von den Bohnenkernen schälen. Das Wasser der anderen eingeweichten Bohnenkerne abgießen und jede Sorte einzeln weich kochen.

Die Schalottenwürfel und den Knoblauch in der Hälfte der Butter in einer Pfanne glasig anschwitzen. Die Bohnenkerne zugeben und mit Salz und Pfeffer abschmecken. Die Kräuter zupfen und fein hacken. Die restliche Butter und den Zitronensaft einrühren und alles glacieren.

JUSKARTOFFELN

6 festkochende Kartoffeln (geeignete Sorten: Agata, Linda, Selma)
100 ml kräftiger Rotwein, trocken (Empfehlung siehe Produzentenverzeichnis)
600 ml Kalbsjus (siehe Grundrezept S. 250)
1 Zweig Majoran
Salz
frisch gemahlener schwarzer Pfeffer

JUSKARTOFFELN

Die Kartoffeln waschen, schälen und in ca. 2 x 3 cm große Balken schneiden.

In einem kleinen Topf den Rotwein auf die Hälfte reduzieren. Die Kalbsjus zugießen und einmal aufkochen lassen. Die Kartoffelbalken und den Majoranzweig zufügen und die Kartoffeln etwa 15 Minuten weich kochen, dabei die Kartoffeln mehrmals mit der Jus übergießen und wenden. Die Rotweinreduktion wird dabei fast vollständig von den Kartoffeln aufgenommen.

ANRICHTEN

500 ml Lammjus (siehe Grundrezept S. 251)

ANRICHTEN

Das Fleisch kurz ruhen lassen, dann portionieren und mit den Juskartoffeln und den Bohnen anrichten. Die Lammjus kurz aufkochen lassen, und das Fleisch und die Beilagen damit nappieren.

REHSCHULTER MIT STAUDENER HAUBERLING, ROSENKOHLBLÄTTERN UND PFEFFERKIRSCHEN

REHSCHULTER

2,5 kg Rehschulter mit Knochen
Salz
frisch gemahlener schwarzer Pfeffer
2 EL sardisches Olivenöl
200 g Zwiebeln, gewürfelt
100 g Karotten, gewürfelt
100 g Knollensellerie, gewürfelt
1 Knoblauchzehe, zerdrückt
2 Zweige Thymian
1 Zweig Rosmarin
3 Lorbeerblätter, frisch
1 TL Wacholderbeeren
10 schwarze Pfefferkörner
1 EL Tomatenmark
120 ml Madeira (hochprozentiger, süßer Dessertwein aus Portugal)
60 ml passierte Tomaten
100 ml Rotwein, trocken
100 ml weißer Portwein
1 l Rinderbouillon (siehe Grundrezept S. 246)
Abrieb von 1 Bio-Orange

ROSENKOHLGEMÜSE

900 g Rosenkohl
50 g Speck oder Schinkenschwarte
4 El Wasser oder Gemüsebrühe
Salz
frisch gemahlener schwarzer Pfeffer
Zucker
Muskatnuss, frisch gemahlen

REHSCHULTER

Die Rehschulter mit Salz und Pfeffer würzen und in einem Bräter oder großen Topf in Olivenöl von allen Seiten kräftig anbraten. Das Fleisch herausnehmen.

Die Zwiebel-, Karotten- und Selleriewürfel, den Knoblauch und die Kräuter in den Bräter geben und anrösten. Wenn das Gemüse leicht Farbe angenommen hat, das Tomatenmark einrühren, kurz abrösten und mit Madeira ablöschen. Wenn die Flüssigkeit fast vollständig eingekocht ist, die passierten Tomaten zufügen und kurz aufkochen. Alles nach und nach mit dem Rotwein und dem Portwein ablöschen und fast vollständig einkochen lassen.

Das Fleisch zu dem Gemüse in den Bräter legen, mit der Rinderbouillon aufgießen und zugedeckt im vorgeheizten Backofen bei 150 °C Heißluft ca. 1,5 Stunden schmoren. Das Fleisch während der Garzeit mehrmals wenden und mit Bratensaft übergießen. Anschließend aus dem Bräter nehmen und warmstellen.

Den Bratenfond durch ein feines Sieb passieren und nochmals aufkochen. Den Fond auf die gewünschte Konsistenz einkochen und mit Salz, Pfeffer und dem Orangenabrieb abschmecken. Den Knochen aus der Rehschulter lösen und das Fleisch tranchieren.

ROSENKOHLGEMÜSE

Die äußeren Blätter der Rosenkohlröschen entfernen. Mit einem kleinen Messer den Strunk kreisförmig herausschneiden und die Rosenkohlblätter vorsichtig abtrennen.

Eine beschichtete Bratpfanne erhitzen, mit der Speckschwarte kräftig einreiben und die Schwarte ohne Fettzugabe ca. 2 Minuten in der Pfanne auslassen. Die Rosenkohlblätter zufügen und unter ständigem Rühren ca. 7 bis 8 Minuten andünsten.

PFEFFERKIRSCHEN

10 schwarze Pfefferkörner

1 EL geklärte Butter (siehe Grundrezept S. 272)

50 g Puderzucker

10 ml Kirschbrand

2 TL Balsamicoessig

150 ml Kirschsaft

180 g frische Schattenmorellen

15 frische Herzkirschen

STAUDENER HAUBERLINGE

600 g Weizenmehl Type 405

300 g Roggenmehl Type 1150

1 Würfel frische Hefe

1 Flasche dunkles Weißbier

1 Ei

10 g Kümmelsamen

3 Prisen Salz

Etwas Wasser oder Gemüsebrühe angießen. Wenn die Flüssigkeit fast verdampft ist, nochmals etwas nachgießen. Zum Schluss die Speckschwarte entfernen, und den Rosenkohl mit Salz, Pfeffer, Zucker und Muskatnuss abschmecken.

PFEFFERKIRSCHEN

Die Pfefferkörner in der heißen Butter anschwitzen, mit dem Puderzucker bestäuben und karamellisieren. Mit dem Kirschbrand und Balsamicoessig ablöschen. Den Kirschsaft zugießen und auf die Hälfte einkochen. Den Sud durch ein feines Sieb passieren und in einem Topf mit den Schattenmorellen aufkochen. Die Kirschen 5 Minuten köcheln und anschließend mit einem Stabmixer fein pürieren.

Die gewaschenen Herzkirschen in die Kirschmarinade legen und kurz erhitzen. Dann mit der Marinade in ein Einmachglas füllen, gut verschließen und 24 Stunden im Kühlschrank marinieren.

STAUDENER HAUBERLINGE

Zunächst das Roggenmehl, dann das Weizenemehl in eine Schüssel sieben und in die Mitte eine Mulde drücken. Die Hefe klein bröckeln, mit 1/3 des Bieres in der Mulde verrühren und sehr wenig Mehl mit einarbeiten. Die Schüssel mit einem sauberen Tuch abdecken und an einem warmen Ort 20 Minuten ruhen lassen.

Anschließend das Bier, das Ei, die Kümmelsamen und das Salz in die Mitte geben und von innen nach außen alles gleichmäßig verkneten. Den Teig mit einem Kochlöffel oder mit der Hand so lange schlagen, bis er beginnt, Blasen zu werfen. Sollte die Masse zu fest werden, etwas warmes Wasser dazugeben. Den Teig nochmals für ca. 15 Minuten zugedeckt gehen lassen.

ZUM AUSBACKEN

300 g Butterschmalz

200 g Schweineschmalz

In einer Kasserolle oder in einem Topf zuerst das Schweineschmalz vollständig schmelzen lassen und dann das Butterschmalz zugeben. Das Fett soll eine hohe Temperatur haben, mindestens 190 °C

Mit einem Esslöffel oder mit den Händen aus dem Hefeteig kleine Nocken formen. Die Hauberlinge im Fett schwimmend ausbacken. Wenn sie an der Unterseite eine dunkelbraune Farbe haben, die Nocken mit einem Esslöffel umdrehen und fertig backen. Anschließend auf Küchenpapier abtropfen lassen und im Ofen bei ca. 60 °C bis zum Verzehr warmhalten.

TIPP: Am besten gelingt der Teig, wenn alle Zutaten Zimmertemperatur haben.

ANRICHTEN

Die Rosenkohlblätter auf die Teller verteilen, und die Fleischstücke daraufsetzen. Die erwärmten Pfefferkirschen darübergeben. Die Hauberlinge an die Seite setzen und mit der Kirschmarinade nappieren.

Käfer

SCHWEINEKOTELETT MIT EINGELEGTEM KÜRBIS

EINGELEGTER KÜRBIS

800 g Hokkaidokürbis
75 g Sultaninen
1 weiße Zwiebel
3 EL sardisches Olivenöl
Salz
frisch gemahlener weißer Pfeffer
1 TL Zucker
200 ml Wasser
100 ml Apfelsaft
1 Zimtstange
1 Sternanis
3 EL weißer Balsamicoessig
2 EL Walnussöl
50 g Pinienkerne
3 Zweige Minze, gezupft und geschnitten

KOTELETTS

ca. 1/2 Kastenweißbrot
4 Schweinekoteletts
4 Eier
50 ml Milch
Salz
frisch gemahlener schwarzer Pfeffer
5 EL Mehl
150 g geklärte Butter

ZUM ANRICHTEN

2 Bio-Zitronen, gewaschen und halbiert
4 Kapernäpfel
50 g Sardellenfilets, geräuchert

EINGELEGTER KÜRBIS

Den Kürbis halbieren und die groben Fasern und die Kerne entfernen. Anschließend vierteln, die Schale entfernen und in Balken von 0,5 x 3 cm Länge schneiden. Die Sultaninen in 100 ml Wasser einweichen.

Die Zwiebel schälen, in dünne Ringe schneiden und in Olivenöl glasig anschwitzen. Die Kürbisbalken zugeben, ca. 2 Minuten mitdünsten und mit Salz, Pfeffer und Zucker würzen. 200 ml Wasser und den Apfelsaft angießen. Die Zimtstange, den Sternanis und die abgetropften Sultaninen zufügen. Alles einmal aufkochen und mit Walnussöl und Balsamicoessig abschmecken.

Die Pinienkerne ohne Fettzugabe in einer Pfanne rösten, grob hacken und mit der Minze in den Kürbis rühren.

Den Kürbis und den Sud kochend heiß in vorgewärmte Einmachgläser füllen und diese sofort verschließen. Einen großen Topf mit einem Tuch auslegen, die Gläser daraufstellen und bis zum Glasrand mit siedendem Wasser bedecken. Alles bei niedriger Temperatur auf dem Herd 5 bis 8 Minuten sieden lassen Die Gläser herausnehmen, auf den Deckel stellen und langsam auskühlen lassen. Das Essiggemüse ist mindestens 1 Monat im Kühlschrank haltbar.

KOTELETTS

Das Weißbrot entrinden, in Würfel schneiden und in der Küchenmaschine zu Bröseln verarbeiten. Die Eier mit der Milch verquirlen. Die Koteletts mit Salz und Pfeffer würzen, in Mehl wenden, durch die Eier ziehen und mit den Bröseln panieren. Die Koteletts in der heißen Butter goldbraun backen und auf Küchenpapier abtropfen lassen

ANRICHTEN

Das Kürbisgemüse erhitzen und separat reichen. Die Zitronen mit je einem Kapernapfel und einem Sardellenfilet belegen und als Garnitur verwenden.

Ferkel hautnah

Für seine Ferkel würde Josef Mayr alles tun! Er holt sie sogar von der Bushaltestelle ab. Dies war notwendig, als er einige Ferkel in einem Transportanhänger nach München bringen wollte. Übermütige Fußballfans – es war gerade Europameisterschaft – öffneten an einer Ampelkreuzung die Verladeklappe und schon schnupperten die Ferkel Frischluft und erkundeten die Stadt. Bis auf eines hat er sie alle wiedergefunden.

Mit der Schweinezucht ist es wie mit der Tierhaltung im Allgemeinen: Es gibt einige, denen geht es nur um den Profit und es gibt andere, die machen das, was sie tun, aus Leidenschaft und der Sache wegen. Natürlich leben auch diese Züchter davon, ihre Tiere zu schlachten und zu verkaufen, aber das »Wie« ist ausschlaggebend. Mayr hat da so seine eigenen Prinzipien. Zum Thema »Bio« fällt ihm nur ein: »Biologisch heißt für mich, meine Arbeit mit gesundem Menschenverstand und ehrlich zu machen. Das ist doch normal.«

Auf seinem eigenen um die 1000 Hektar großen Anwesen gibt es genug Platz, sodass die großen und die kleinen Schweine bei entsprechendem Wettter draußen im Grünen sein können (im Sommer bis zu 400 Tiere). Die kleinen Ferkel – bis zu 18 Stück in einem Wurf – werden bis zur vierten Woche vom Mutterschwein gesäugt, dann mit Weizen, Mais und Getreide aus eigenem Anbau gefüttert. Zwischendurch knabbern sie Gras von der Weide, für die Verdauung. Zusätzlich bekommen sie frische, klein gehäckselte Brotreste, das einzige Futtermittel, das Mayr von auswärts von den umliegenden Bäckern und Gastronomen bezieht. Das Futter ist frei von tierischem Eiweiß, das aufgrund der Seuchenübertragungsgefahr nicht gefüttert werden darf.

Durch Auslauf und Platz auf der Weide sind die Tiere entspannter, gesünder und können sich nach »Raufereien« aus dem Weg gehen – kurzum, sie haben ein schönes Leben. Der einzige Nachteil: Die Tiere wachsen langsamer und brauchen länger, bis sie die richtige Schlachtgröße erreicht haben. Die Bewegung macht das Fleisch allerdings kompakter, reifer, mit einer guten Marmorierung.

»Schweine«, sagt Mayr, »sind intelligent. Die merken sich, wie man mit ihnen umgeht.« Da er seine Tiere gut behandelt, kann er ohne Probleme ins Gehege. »Ganz besonders mögen sie es, wenn man sie hinter dem Ohr krault.« Der Schweinezüchter weiß auch genau, wo seine Schweine herkommen. »Wenn ich fragen würde, könnte Josef Mayr mir sogar den Namen des Schweines sagen«, so Schinharl.

Nicht nur bei der Aufzucht achtet Mayr auf einen guten Umgang, sondern auch die Schlachtung in seinem betriebseigenen, nach den neuesten EU-Standards ausgestatteten Schlachthof soll möglichst stressfrei vonstatten gehen. Der anstrengende Transport, der die Fleischqualität beeinflusst, fällt durch den Schlachthof vor Ort schon mal weg. Die Ferkel kommen in einen dunklen Vorraum, wo sie nichts vom Schlachtprozess mitbekommen und nicht in Panik ausbrechen. Keine Schläge, Tritte oder gegenseitige Attacken. Die Schlachtung verläuft tierschutzgerecht und in Würde, unter der Aufsicht eines Tierarztes. Stünden die Tiere unter Stress, wäre der pH-Wert des Fleisches sehr hoch, es wäre anfälliger für Keime und würde schneller verderben.

NIEDERBAYRISCHE FRÜHMASTENTE MIT REIBERDATSCHI, APFELBLAUKRAUT UND APFELKOMPOTT

ENTE UND ENTENSAUCE

2 frische, niederbayrische Frühmastenten, je ca. 1,5 kg
Salz
frisch gemahlener schwarzer Pfeffer
2 Karotten
1 Zwiebel
2 Äpfel (Red Delicious)
2 Zweige Majoran
30 ml Haselnussöl
1 l Geflügelfond (siehe Grundrezept S. 248)
1/2 Knollensellerie
Abrieb und Saft von 1 Bio-Orange
3 Knoblauchzehen
1 EL Tomatenmark
100 ml Rotwein, trocken
30 g Ingwer, gerieben
1 TL Majoranblättchen

ENTE UND ENTENSAUCE

Am Tag der Zubereitung die Enten ausnehmen, die Flügelknochen abschneiden und innen und außen mit Salz und Pfeffer würzen.

Die Karotten und die Zwiebel schälen. 1 Apfel waschen und mit einem Kernausstecher entkernen. 1 Karotte, die Zwiebel und den entkernten Apfel in walnussgroße Würfel schneiden und mit den Majoranzweigen vermengen. Die Mischung in die Enten füllen.

Den Ofen auf 180 °C Umluft vorheizen. In einem Bräter 20 ml Haselnussöl erhitzen und die Enten darin von allen Seiten goldgelb anbraten. Die Flügelknochen zugeben und etwas Geflügelfond angießen. Danach die Enten im Bräter ca. 2 Stunden im Ofen garen, dabei immer wieder mit dem Bratensaft übergießen. Nach 2 Stunden die Temperatur ca. 10 Minuten lang auf 210 °C erhöhen, damit die Haut schön braun wird. Anschließend die Enten auslösen und die Brustfilets und die Keulen warmstellen.

Für die Sauce die Entenkarkassen zerkleinern und zusammen mit den Flügelknochen in dem restlichen heißen Haselnussöl anrösten.

Den Sellerie putzen. Den Sellerie und die restliche Karotte in grobe Stücke schneiden. Die Gemüsestücke mit dem Knoblauch zu den Karkassen geben. Das Tomatenmark einrühren und braun rösten. Mit dem Rotwein ablöschen und einreduzieren lassen. Den Bratfond der Enten aufgießen und so viel kaltes Wasser auffüllen, dass die Enten bedeckt sind. Für ca. 1 Stunde bei geringer Hitze köcheln.

Das Fett der Sauce abschöpfen. Die Sauce durch ein feines Sieb passieren und mit Salz, Pfeffer, der Orangenschale und dem -saft, dem Ingwer und den Majoranblättchen abschmecken.

REIBERDATSCHI

4 große festkochende Kartoffeln (geeignete Sorten: Agata, Linda, Nicola, Selma, Sieglinde)
1 Zwiebel
50 ml flüssige Sahne
2 Eigelb
Salz
frisch gemahlener schwarzer Pfeffer
Muskatnuss, frisch gerieben
50 ml geklärte Butter (siehe Grundrezept S. 272)

REIBERDATSCHI

Für die Reiberdatschi die Kartoffeln schälen, mit einer Gemüsereibe reiben und in einem Sieb abtropfen lassen, dabei die Flüssigkeit auffangen.

Die Zwiebel schälen und in feine Würfel schneiden. Die geriebenen Kartoffeln mit der Sahne, den Zwiebelwürfeln und der abgesetzten Stärke des aufgefangenen Kartoffelwassers sowie den Eigelb vermengen. Die Masse mit Salz, Pfeffer und Muskatnuss abschmecken.

Aus der Masse kleine Plätzchen formen und diese in einer Pfanne in heißer geklärter Butter goldbraun und knusprig braten.

APFELKOMPOTT

1 Apfel (Boskop)
1 Apfel (Red Delicious)
1 TL Zitronensaft
50 ml Apfelsaft
5 Blättchen Minze
1 EL Butter
1 TL Puderzucker
30 ml Apfelkorn

MARINADE FÜR BLAUKRAUT

1 Kopf Blaukraut (ca. 800 g geschnittenes Kraut)
75 ml Rotwein, trocken
50 ml Orangensaft
40 ml Apfelsaft
40 ml Rotweinessig
1 Lorbeerblatt
1/2 Zimtstange
1 EL Salz, 1 EL Zucker

APFELKOMPOTT

Die Äpfel heiß waschen und schälen. Die Schale des Red-Delicious-Apfels aufbewahren. Die Äpfel vierteln, vom Kerngehäuse befreien und quer in ca. 0,5 cm dicke Stücke schneiden. Die Äpfelstücke mit Zitronensaft beträufeln.

Den Apfelsaft mit den Minzeblättern einmal kurz aufkochen, dann die Minzeblätter entfernen.

In einer Pfanne die Butter erhitzen und darin die Apfelstücke andünsten, mit dem Puderzucker bestäuben und karamellisieren lassen. Mit dem Apfelkorn ablöschen und den Apfel-Minze-Sud aufgießen. Bei mittlerer Hitze so lange kochen, bis die Apfelstücke die Flüssigkeit gebunden haben. Die Red-Delicious-Apfelschale fein hacken und unter das kalte Apfelkompott rühren.

APFELBLAUKRAUT

Die äußeren Blätter des Blaukrautkopfes entfernen, den Kopf vierteln und den Strunk herausschneiden. Das Blaukraut in feine Streifen schneiden, in einer Schüssel mit den Zutaten für die Marinade gut vermengen und durchkneten.

APFELBLAUKRAUT

1/2 rote Zwiebel
1 EL Entenfett
1 Apfel (Boskop)
750 ml Rinderbouillon (siehe Grundrezept S. 246)
1 Msp. Gewürznelken gemahlen
100 g Apfelkompott
25 g eingelegte Preiselbeeren (siehe Grundrezept S. 272)
1 EL Speisestärke
20 ml Apfelsaft
Salz
frisch gemahlener schwarzer Pfeffer
Zucker

Das Kraut in der Schüssel zugedeckt 24 Stunden im Kühlschrank ruhen lassen.

Das Blaukraut aus der Marinade nehmen und abtropfen lassen. Die Marinade in einer Schüssel auffangen.

Die Zwiebel schälen, in feine Streifen schneiden und in einem großen Topf in heißem Entenfett glasig dünsten. Den Boskopapfel schälen, vierteln, vom Kerngehäuse befreien und in feine Scheiben schneiden. Das Blaukraut und die Apfelscheiben zu den Zwiebelstreifen geben und kurz mitdünsten. Mit der Marinade ablöschen und die Rinderbouillon aufgießen. Mit den Nelken würzen und zugedeckt 30 Minuten bei mittlerer Hitze kochen.

Den Deckel abnehmen, das Apfelkompott und die Preiselbeeren zugeben, und das Kraut weitere 20 Minuten weich kochen und die Flüssigkeit auf ein Drittel reduzieren.

Die Speisestärke mit dem Apfelsaft glattrühren und das Blaukraut damit abbinden. Mit Salz, Pfeffer und Zucker abschmecken.

ANRICHTEN

Die Entenkeulen und das Brustfleisch portionieren und auf Teller geben. Das Fleisch mit der Entensauce nappieren. Die Reiberdatschi und das Apfelblaukraut jeweils separat dazureichen.

Gänse im Maisfeld

Der sensationelle Geschmack der Käfer-Ente und der Gans kommt nicht von ungefähr. Feinkost Käfer bezieht seine Enten und Gänse vom Geflügelhof Lugeder in Neuerding, Landkreis Altötting. Der Geflügelhof mit eigener Brüterei liegt idyllisch in einem kleinen Weiler, umgeben von Obstbäumen und weiten Feldern. Nicht nur der landschaftliche Reiz und das Platzangebot sind Standortvorteile, sondern auch die Isolation. So besteht keine Gefahr, dass das Geflügel in Kontakt mit Tieren von benachbarten Höfen kommt und sich mit Krankheiten wie der Vogelgrippe infiziert. Manche Epidemie hat bereits auf diese Weise Geflügelzüchter in den Ruin und Tausende von Tieren in die Notschlachtung getrieben.

Die Entenküken stammen aus der eigenen Brüterei und sind damit auch frei von ansteckenden Erregern. Nach den ersten zwei Wochen in einem aufgewärmten Aufzuchtsstall kommen die Enten und Flugenten in großflächige, mit Stroh ausgestreute Freiluftställe. Sie können von dort in die freie Natur und haben jederzeit frisches Wasser zur Verfügung. Das Futter besteht aus selbst angebautem Getreide und mit Eiweiß und Mineralstoffen angereichertem Geflügelmastfutter ohne chemische oder tierische Zusätze. Auf jeglische hormonelle Wachstumsförderer und Antibiotika verzichtet der Betrieb.

Bayerische Enten haben eine Mastzeit von 7 bis 8 Wochen, Flugenten (Barbarie-Enten) zwischen 10 und 12 Wochen. Normalerweise werden Flugenten, wenn als Frühmastenten verkauft, bereits mit 8 bis 9 Wochen geschlachtet. Auf dem Geflügelhof Lugeder dürfen sie 5 bis 10 Tage länger leben. Das liegt einerseits daran, dass durch den großzügigen Auslauf und die Bewegungsfreiheit die Tiere langsamer Fett ansetzen und länger brauchen, um das gewünschte Gewicht zu erreichen. Abgesehen davon, dass das Fleisch länger reifen kann, sind die Enten und Gänse nicht eingepfercht, aggressiv und gestresst, sondern haben ein gutes Leben, bevor sie auf dem Teller landen.

Die Gänse werden von Juni bis Dezember großgezogen und sind besonders während der traditionellen Gänsebratenzeit vom Martinstag bis Weihnachten beliebt. Die Gänseküken kommen von Brütereien und Höfen, die Ludwig Lugeder schon seit Jahrzehnten kennt und denen er vertraut. Einen Tag alt sind die Küken bei ihrer Ankunft auf dem Geflügelhof, und ein halbes Jahr lebt eine Gans durchschnittlich dort. Im Sommer darf sie Tag und Nacht draußen auf der Weide grasen. Im Herbst geht's raus aufs Feld, wo die Familie Lugeder extra für ihr Federvieh Mais, Kohl und anderes Gemüse anbaut, das die Gänse dann nach Herzenslust selbst abernten.

Doch eines Tages endet auch für die glücklichen Enten und Gänse ihre Zeit. Geschlachtet wird auf dem Hof selbst, ohne Transportstress nach den strengen EU-Richtlinien und in Anwesenheit eines Tierarztes, der die tierschutzgerechte Tötung und die Hygienemaßnahmen überwacht. Feinkost Käfer und besonders Andreas Schinharl sind überzeugt von dieser Art der Geflügelzucht und vor allem von der Fleischqualität, die am Ende entscheidet.

GEFÜLLTES STUBENKÜKEN MIT SCHWARZWURZELN UND KRÄUTERJUS

STUBENKÜKEN

5 Semmeln vom Vortag (ersatzweise Knödelbrot)
350 ml Milch
150 ml Sahne
100 g frische Steinpilze und zusätzlich 4 mittelgroße Steinpilze
2 El Butter
1 Zwiebel, fein gewürfelt
1 Knoblauchzehe, gehackt
4 Eigelb
2 EL Blattpetersilie, gehackt
Salz
frisch gemahlener schwarzer Pfeffer
Muskatnuss, gerieben
4 kleine Stubenküken, ausgelöst (vom Metzger vorbereiten lassen)
150 ml geklärte Butter (siehe Grundrezept S. 272)
1 Zweig Rosmarin
1 Zweig Thymian

STUBENKÜKEN

Die Semmeln in dünne Scheiben schneiden und in eine Schüssel geben. Die Milch und die Sahne aufkochen und heiß über die geschnittenen Semmeln gießen. Die Semmeln in der Schüssel abgedeckt 10 Minuten einweichen.

Alle Steinpilze mit einem feuchten Tuch putzen. Die 4 mittelgroßen Pilze beiseitelegen, die restlichen in kleine Würfel schneiden. Die Butter in einer Pfanne erhitzen und darin die Zwiebel- und Pilzwürfel mit dem gehackten Knoblauch kräftig anschwitzen. Die Zwiebel-Pilz-Mischung mit dem Eigelb und der Petersilie zu den eingeweichten Semmeln geben und kräftig durchmischen. Mit Salz, Pfeffer und Muskatnuss abschmecken. Die Masse in den Kühlschrank geben und erkalten lassen.

In der Zwischenzeit die Stubenkücken vorsichtig am Rücken aufschneiden. Die Geflügelkarkassen vom Rücken zur Brust hin auslösen, damit die Haut am Brustbein nicht verletzt wird. Den Oberschenkelknochen aus den Keulen entfernen. Ansonsten, wenn möglich, die Stubenküken vom Metzger vorbereiten lassen.

Die ausgelösten Stubenküken auf einem Brett mit der Hautseite nach außen flach ausbreiten. Mit Salz und Pfeffer würzen und die Semmelmasse etwa 1 cm dick auf den Stubenküken verteilen. Je einen mittelgroßen Steinpilz in die Mitte eines Stubenkükens in die Semmelmasse drücken. Die Pilze mit der restlichen Knödelmasse von allen Seiten bedecken. Die Seiten der Stubenküken jeweils links und rechts über den Pilz schlagen und die Küken umdrehen und auf den Rücken legen. Die gefüllten Küken in ihre natürliche Form modellieren und mit Küchengarn fest zusammenbinden.

Die geklärte Butter in einer Kasserolle erhitzen und die Stubenküken mit den Kräuterzweigen von allen Sei-

SCHWARZWURZELN

1 EL Mehl
2 EL Weinessig
1 kg Schwarzwurzeln
200 ml Milch
50 g geklärte Butter (siehe Grundrezept S. 272)
Salz
frisch gemahlener schwarzer Pfeffer
Muskatnuss, frisch gerieben

ZUM ANRICHTEN

250 ml Geflügeljus (siehe Grundrezept S. 253)

ten anbraten. Die Kasserolle anschließend in den vorgeheizten Ofen geben und das Geflügel bei 160 °C etwa 35 bis 40 Minuten backen. Die Stubenküken aus dem Ofen nehmen und in der Mitte halbieren.

SCHWARZWURZELN

Eine große Schüssel mit Wasser füllen und das Mehl und den Essig einrühren.

Die Schwarzwurzeln mit einer Bürste gründlich unter lauwarmem Wasser säubern und mit einem Sparschäler schälen. Die Wurzeln in etwa 10 cm lange Stücke schneiden und sofort in das Essig-Mehl-Wasser legen, da sie sich sonst bräunlich verfärben. In einem Topf 1,5 l gesalzenes Wasser mit der Milch aufkochen und darin die Schwarzwurzeln gut bissfest blanchieren, dann in Eiswasser abschrecken.

In einer Pfanne die geklärte Butter erhitzen und die Schwarzwurzeln darin anbraten. Mit Salz, Pfeffer und Muskatnuss abschmecken.

ANRICHTEN

Die Stubenkükenhälften mit der Füllung nach oben anrichten, die Schwarzwurzeln dazugeben und das Fleisch mit der heißen Kräuter-Geflügel-Jus nappieren.

BLUTWURSTSTRUDEL MIT WEINKRAUT, GESCHMOLZENEN REHERL UND MAJORANSAUCE

BLUTWURSTSTRUDEL

ERGIBT 1,7 KILOGRAMM FERTIGEN STRUDEL

FÜR CA. 6 PERSONEN

500 g geräucherte Blutwurst
300 g schwarzer Presssack
1 EL Butter
200 g Zwiebel, in 0,5 cm große Würfel geschnitten
300 g Kartoffel, in 0,5 cm große Würfel geschnitten
1 Apfel (Boskop)
Salz
frisch gemahlener schwarzer Pfeffer
2 TL Majoran, gehackt
2 dünne Blätterteiglagen, je 30 x 45 cm (siehe Rezept Apfel im Schlafrock S. 204 oder frischen, fertigen Teig kaufen)
2 Eigelb, verquirlt

WEINKRAUT

700 g frisches Fass-Sauerkraut
150 ml Blanchierwasser
50 g Butter
1/2 Zwiebel, fein gewürfelt
100 g Speck, gewürfelt
250 ml lieblichen Weißwein (Beerenauslese, Empfehlung siehe Produzentenverzeichnis)
1/2 TL Kümmelsamen
10 Wacholderbeeren
1 Lorbeerblatt
1 TL Zucker
Salz, frisch gemahlener weißer Pfeffer

BLUTWURSTSTRUDEL

Die Blutwurst und den Presssack enthäuten und in 0,5 cm große Würfel schneiden.

Die Butter in einer Pfanne erhitzen und darin die Zwiebel- und Kartoffelwürfel kräftig anbraten. Alles auskühlen lassen. Den Apfel schälen und mit einer Gemüsereibe grob raspeln. Den geriebenen Apfel zusammen mit der kalten Zwiebel-Kartoffel-Mischung unter die Blutwurst- und Presssackwürfel mischen. Mit Salz, Pfeffer und Majoran abschmecken.

Die Blätterteiglagen übereinanderlegen und die Blutwurstmischung auf der einen Hälfte des Teigs verteilen. Dabei an allen Seiten einen Rand von etwa 3 cm frei lassen. Die Teigränder mit dem verquirlten Eigelb bestreichen, die kurzen Seitenränder nach innen klappen und den Teig der Länge nach vorsichtig, aber fest einrollen.

Den Strudel mit dem restlichen Eigelb bestreichen und auf ein mit Backpapier ausgelegtes Backblech setzen. Im vorgeheizten Ofen bei 190 °C Heißluft 25 bis 30 Minuten goldbraun backen. Den Strudel aus dem Ofen nehmen und 3 Minuten ruhen lassen.

WEINKRAUT

Das Fass-Sauerkraut etwa 3 Minuten in kochendem Salzwasser blanchieren. Von dem Blanchierwasser ca. 150 ml beiseitestellen.

Die Butter in einem Topf erhitzen und darin die Zwiebel- und Speckwürfel anschwitzen. Mit dem Weißwein ablöschen, Kümmel, Wacholderbeeren und das Lorbeerblatt zufügen und alles 5 Minuten einkochen lassen. Das warme Sauerkraut mit dem Blanchierwasser dazugeben und bei niedriger Hitze weich kochen. Nach Belieben mit Zucker, Salz und Pfeffer abschmecken.

REHERL

200 g kleine Reherl (Pfifferlinge)

1 EL geklärte Butter

Salz

frisch gemahlener schwarzer Pfeffer

1 TL gehackte Petersilie

MAJORANSAUCE

1 Schalotte

2 EL Butter

100 ml weißer Portwein

400 ml Rinderbouillon (siehe Grundrezept S. 246)

200 ml Kalbsjus (siehe Grundrezept S. 250)

200 ml flüssige Sahne

1 EL kalte Butterflocken

Salz

Cayennepfeffer

6 bis 8 Zweige Majoran, gehackt

FRITTIERTES BLAUKRAUT

200 g Blaukraut, in feine Streifen geschnitten

250 ml Rapsöl

Salz

REHERL

Die Pfifferlinge mit einem feuchten Tuch putzen und in einer Pfanne in der heißen Butter anschwitzen. Mit Salz und Pfeffer würzen, die gehackte Petersilie dazugeben und nochmals durchschwenken.

MAJORANSAUCE

Die Schalotte schälen und in feine Würfel schneiden. In einem Topf die Butter erhitzen und darin die Schalottenwürfel glasig andünsten. Mit dem Portwein ablöschen und etwas einkochen lassen. Die Rinderbouillon aufgießen und ca. 10 Minuten einkochen.

Den Fond durch ein Sieb in einen frischen Topf passieren. Zusammen mit der Kalbsjus erhitzen und die Sahne zugeben. Wenn die Sauce aufkocht, mit einem Pürierstab die kalten Butterflocken schaumig untermixen. Mit Salz, Pfeffer und Majoran abschmecken.

FRITTIERTES BLAUKRAUT

Das Blaukraut in dem heißen Öl frittieren, auf Küchenpapier abtropfen lassen und leicht salzen.

ANRICHTEN

Das Weinkraut auf Teller verteilen. Den Strudel aufschneiden, auf dem Kraut anrichten und mit der Sauce nappieren. Die gebratenen Pfifferlinge dazugeben. Die Strudelstücke mit dem frittierten Blaukraut garnieren.

DOLL

Fia de Kerndlfuadara

Vegetarisch

Exotik im regionalen Gewand

Trotz unzähliger Etikettierungen oder vielleicht gerade deshalb weiß kaum einer mehr, wo das Schnitzel von der Supermarkttheke und die Milch herkommen. Zwar schreibt die EU vor, dass auf der Verpackung der »Name oder die Firma und die Adresse des Herstellers, des Verpackers oder eines in der Gemeinschaft niedergelassenen Verkäufers« und der Herkunfstort angegeben sein müssen (nachzulesen auf der Internetseite der Europäischen Union), aber wissen wir deshalb, ob der Inhalt gut für uns ist?

Die Schlagzeilen über Lebensmittelskandale beweisen, dass dieses System Schwächen hat: Schlachtabfälle wurden falsch etikettiert und als zum Verzehr geeignetes Fleisch im Handel verkauft; verseuchtes Milchpulver gelangte in Babynahrung; gesundheitsgefährdende Pestizidrückstände bei Obst und Gemüse – auf dem Etikett steht nur, wo das Produkt hergestellt und verpackt wurde, aber von den Landwirten oder Milchbauern selbst, deren Erzeugnisse wir aus der ganzen Welt importieren, können wir uns kein Bild machen. Um mehr Transparenz in diesem Bereich zu erreichen, wollte die Bundesregierung mit dem Verbraucherinformationsgesetz ein Zeichen setzen. Jeder Bürger kann seit Anfang des Jahres 2008 beim Verbraucherministerium Auskunft unter anderem über die Herkunft und Herstellung von Lebensmitteln anfragen und Hinweise auf Verstöße gegen die Vorschriften geben. Doch viele Umwelt- und Verbraucherorganisationen bemängeln den komplizierten Bürokratieaufwand und die fehlende Bereitschaft, relevante Informationen herauszugeben.

Was in unseren Kühlschrank gelangt, das kann jeder selbst bestimmen. Will oder muss man jedoch auswärts speisen, wird es noch schwieriger herauszufinden, was man zu sich nimmt. Und so bereitet der Besuch in einem Restaurant oft nicht nur finanziell Magenschmerzen. Gerade in Zeiten, in denen nicht nur Obst und Gemüse um den ganzen Erdball geflogen werden, lohnt es sich, darüber nachzudenken, was uns und der Umwelt wirklich gut tut. Denn stimmt die Qualität der Produkte nicht, kann kein noch so talentierter Spitzenkoch ein schmackhaftes Gericht daraus zaubern. Gute Lebensmittel sind das A und O in der Gastronomie und sollten es auch zu Hause am eigenen Herd sein.

Und häufig gibt es diese gar nicht weit weg, vor der eigenen Haustür. Denn die eigene Region bietet fast alles, was man für eine gesunde und ausgewogene Ernährung braucht. Doch die Neugier auf außergewöhnliche Produkte, darauf, mal etwas anderes als das Gewohnte auszuprobieren, treibt jeden von uns hin und wieder in den Asialaden oder ins griechische Feinkostgeschäft. Doch was ist heute noch außergewöhnlich? Hummer und Kaviar? Steinbutt? Schwertfisch? Viele schwärmen vom Jamón Ibérico. Exotische Früchte wie Ananas, Kapstachelbeeren oder japanische Nashi sind längst Standard in den Auslagen der Wochenmärkte. Dem Verbraucher stehen das ganze Jahr Spargel, Erdbeeren, Kopfsalat und Kirschen im Supermarkt zur Verfügung. Das Besondere ist mittlerweile zum Massenprodukt geworden. An sich ist das gut, denn so kann sich jeder ein kleines bisschen Exotik auf dem Teller leisten. Das Problem jedoch ist unter anderem der Qualitätsverlust. Schinharl schätzt daher einheimische Erdbeeren zu der

Zeit, zu der es sie normalerweise gibt: im Sommer. Nur dann werden sie in unseren Gefilden von der Sonne verwöhnt und entfalten ihren fruchtig-süßen Geschmack. Im Winter werden die Beeren aus Marokko oder Israel eingeflogen. Nach welchen Kriterien dort angebaut wird, kann der Verbraucher nur schwer nachvollziehen, während er sich von der Qualität und dem Geschmack deutscher Früchte direkt auf dem Erdbeerfeld überzeugen kann.

Ähnliches lässt sich beim Spargel beobachten. Die Spargelsaison in Deutschland dauert von April bis Juni, und nur dann bekommt man frischen Qualitätsspargel. Ausländische Ware ist qualitativ nicht unbedingt schlechter als einheimische und ist das ganze Jahr über im Angebot. Warum sollte man deshalb nicht auch mal außerhalb der Saison auf die leckeren Stangen zurückgreifen können? Der Import von Lebensmitteln wie Spargel ist nichts Verwerfliches. Doch wenn alles zu jeder Zeit verfügbar ist, verliert es dann nicht seinen Reiz? Wenn im April die ersten Frühlingstage anbrechen und alles beginnt zu grünen und zu sprießen, weiß der Genießer: bald ist es wieder so weit! Nimmt man sich durch den ganzjährig möglichen Genuss nicht diese Vorfreude, den »Gleichklang mit der Natur«? Jede Jahreszeit hat ihre typischen Gemüse, Früchte und Gerichte, deren Geruch und Geschmack oft die Entwicklung draußen, in der Natur, widerspiegeln. Ist der Spargel nicht der Vorbote des Sommers, genauso wie Erdbeeren zum Hochsommer gehören und die Apfelernte den Herbst ankündigt? Heiße Temperaturen machen Lust auf leichte Blattsalate und Tomaten, und genau zu dieser Zeit gedeihen sie am besten und sind am wenigsten mit Schadstoffen belastet.

Für ein außergewöhnliches, abwechslungsreiches Gericht muss der Hobbykoch nicht immer zu Exotischem greifen. Mit etwas Fantasie und Experimentierfreude wird sogar aus einem so schlichten Allerweltsgemüse wie der Kartoffel ein überaus abwechslungsreicher Begleiter zu Hauptgerichten. Denn Kartoffel ist nicht gleich Kartoffel. Ein kleiner Moment der Unaufmerksamkeit, und schon greift man aus Versehen zur falschen Sorte, den mehlig kochenden, und der Kartoffelsalat wird zum Kartoffelbrei. Doch wer sich intensiver mit der Kartoffel auseinandersetzt stellt fest, dass es Hunderte verschiedene Sorten gibt, die sich in Konsistenz, Geschmack, Form, Farbe und Verarbeitungsmöglichkeiten unterscheiden – zum Beispiel die älteste, heute nur noch in Feinkostgeschäften erhältliche Sorte Bamberger Hörnchen, mit ihren kleinen, hörnchenförmigen Knollen. Sie behalten beim Kochen ihre Form, sind aber nicht zu fest und machen optisch eine gute Figur auf dem Teller. Die bis ins 18. Jahrhundert bei uns heimische Pastinake wird heutzutage vor allem vom ökologischen Landbau wiederentdeckt und findet durch ihren süßlichen Geschmack viele Anhänger. Es lohnt sich, die Sortenvielfalt vertrauter Gemüse- und Obstsorten genauer unter die Lupe zu nehmen und dieses Potenzial zu nutzen.

GEHOBELTER SCHWENKSPARGEL

500 g weißer Niedermotzinger Spargel
500 g grüner Niedermotzinger Spargel
200 g rohe Kartoffeln, geschält und in 1 x 1 cm große Würfel geschnitten
30 g geklärte Butter (siehe Grundrezept S. 272)
1 Schalotte, gehackt
1/2 Knoblauchzehe, fein gehackt
200 g getrocknete Tomaten, geviertelt (siehe Grundrezept S. 265)
30 g Pinienkerne
Abrieb von 1/2 Bio-Zitrone
1/2 Bund Basilikum
4 EL sardisches Olivenöl
150 g Allgäuer Emmentaler, gerieben
Salz
frisch gemahlener schwarzer Pfeffer

Den weißen Spargel schälen und das untere Ende ca. 1 cm lang abschneiden. Vom grünen Spargel mit einem kleinen Messer die Knospenblätter vorsichtig abziehen. Den grünen und weißen Spargel roh mit einer Aufschnittmaschine oder einem Gemüsehobel der Länge nach in ca. 2 mm dünne Streifen (Bandnudeln) schneiden.

Die Kartoffelwürfel in einer Bratpfanne in der geklärten Butter goldgelb backen. Die Schalotten, den gehackten Knoblauch und die Spargelnudeln zu den Kartoffelwürfeln geben und kräftig anschwenken (anbraten). Die getrockneten Tomaten, Pinienkerne und den Zitronenabrieb untermengen und alles kurz erhitzen.

Die gezupften Basilikumblätter zusammen mit dem Olivenöl in einem Mörser grob pürieren und zusammen mit dem geriebenen Emmentaler in die Pfanne geben. Alles gut vermengen und mit Salz und Pfeffer abschmecken.

ANRICHTEN

In tiefen Tellern anrichten oder in der heißen Pfanne am Tisch servieren.

TIPP: Das Basilikum nicht zu fein pürieren, da er sonst grau wird. Das Zerstoßen im Mörser dient nur dazu, die ätherischen Öle freizusetzen. Dieses Gericht eignet sich auch hervorragend als Gemüsebeilage zu Fischgerichten.

BAYRISCHE MAULTASCHEN

ERGIBT 15 MAULTASCHEN À 160 G

KARTOFFELTEIG FÜR MAULTASCHEN

1,1 kg mehlige Kartoffeln, gekocht (geeignete Sorten: Datura, Irmgard, Adretta)
400 g Weizenmehl Type 405
1 Ei
6 g Salz
3 g Muskatnuss, gerieben
frisch gemahlener schwarzer Pfeffer

RAHMSAUERKRAUT-FÜLLUNG

450 GRAMM FÜLLUNG FÜR 5 MAULTASCHEN

450 g Rahmsauerkraut (siehe Grundrezept S. 259)

APFEL-LAUCH-FÜLLUNG

450 GRAMM FÜLLUNG FÜR 5 MAULTASCHEN

250 g Lauchzwiebeln
250 g Äpfel (Boskop)
1 EL Zitronensaft, frisch gepresst
25 g Butter
75 g Crème fraîche
Salz
frisch gemahlener weißer Pfeffer
Muskatnuss, frisch gerieben

LAUCHFÜLLUNG

450 GRAMM FÜLLUNG FÜR 5 MAULTASCHEN

500 g Lauch
75 g Crème fraîche
25 g Butter
Salz, frisch gemahlener weißer Pfeffer
Muskatnuss, frisch gerieben

KARTOFFELTEIG FÜR MAULTASCHEN

Die Kartoffeln am Vortag kochen, pellen und über Nacht in den Kühlschrank stellen. Die kalten Kartoffeln durch eine Kartoffelpresse drücken und mit den restlichen Zutaten zu einem festen Teig kneten und zugedeckt 4 bis 5 Stunden im Kühlschrank ruhen lassen.

Den Teig mit etwas Mehl auf etwa 2,5 mm ausrollen und daraus 15 Kreise mit je 18 cm Durchmesser ausschneiden.

APFEL-LAUCH-FÜLLUNG

Die Lauchzwiebeln waschen, putzen und in feine Ringe schneiden. Die Äpfel schälen, vierteln und das Kerngehäuse entfernen. Die Apfelviertel mit einer Gemüsereibe grob raspeln und mit Zitronensaft beträufeln.

In einer Pfanne die Butter erhitzen und die Lauchzwiebeln und Äpfel darin glasig anschwitzen. Die Mischung in eine Schüssel geben, die Crème fraîche unterziehen und mit Salz, Pfeffer und Muskatnuss abschmecken.

LAUCHFÜLLUNG

Den Lauch der Länge nach halbieren, gründlich waschen und in feine Streifen schneiden.

Die Butter in einer Pfanne erhitzen und die Lauchstreifen darin glasig anschwitzen. Den Lauch in eine Schüssel geben, die Crème fraîche unterziehen und mit Salz, Pfeffer und Muskatnuss würzen.

ZUBEREITUNG MAULTASCHEN

Für eine Portion Füllung 5 Teigböden zur Hälfte mit der jeweiligen Füllung belegen, dabei etwa 1 cm Abstand zum Rand lassen. Die Teigränder mit Eigelb einpinseln, und die obere Teighälfte über die Füllung klappen. Die Ränder dabei gut andrücken.

ZUBEREITUNG MAULTASCHEN

150 ml geklärte Butter zum Einpinseln (siehe Grundrezept S. 272)
2 Eigelb, verquirlt

Eine ofenfeste Form gut mit Butter einfetten und die Maultaschen hineingeben. Die obere Seite großzügig mit geklärter Butter einpinseln. Im vorgeheizten Backofen bei 180 °C Heißluft ca. 40 Minuten goldbraun backen.

ROTE-BETE-SALAT

200 g frische, junge Rote-Bete-Blätter
2 EL sardisches Olivenöl
1 EL 4-jähriger Balsamicoessig
Salz
frisch gemahlener schwarzer Pfeffer

SAUERRAHM

150 ml Sauerrahm
1 EL Saft einer Bio-Zitrone
Salz
frisch gemahlener schwarzer Pfeffer

ROTE-BETE-SALAT

Die Rote-Bete-Blätter waschen und trockenschleudern. Mit Essig und Öl marinieren und mit Salz und Pfeffer würzen.

SAUERRAHM

Den Sauerrahm mit dem Zitronensaft verrühren und mit Salz und Pfeffer würzen.

ANRICHTEN

Auf einen Teller jeweils drei verschiedene Maultauschenvarianten geben. Die marinierten Rote-Bete-Blätter darüber verteilen und mit dem Sauerrahm beträufeln.

Schänke

WALDPILZSCHMARRN MIT BERGKÄSE GRATINIERT UND BOHNENSALAT MIT HASELNUSSPESTO

WALDPILZSCHMARRN

100 g frische Pfifferlinge
100 g frische Steinpilze
100 g frische Maronen (Braunkappen)
3 Eier
100 ml Milch
75 g Sahne
1 EL Magerquark
130 g zerlassene Butter
Salz
frisch gemahlener schwarzer Pfeffer
125 g Mehl
80 ml Rapsöl
100 g Bergkäse, gerieben

BOHNENSALAT MIT HASELNUSSPESTO

300 g frische grüne Bohnenkerne (Saubohnen), ersatzweise weiße Bohnenkerne)
300 g grüne Bohnen (Prinzess- oder Keniabohnen)
150 g getrocknete Tomaten (siehe Grundrezept S. 265)
je 2 Stängel Bohnenkraut und Blattpetersilie
2 Knoblauchzehen
50 g Haselnüsse, gemahlen
6 EL Haselnussöl (ersatzweise auch ein anderes Öl)
3 EL Rotweinessig
Salz
frisch gemahlener schwarzer Pfeffer
1 EL süßer Senf

WALDPILZSCHMARRN

Alle Pilze mit einer Bürste oder einem feuchten Tuch putzen und anschließend die kleineren halbieren, größere in etwa 0,5 cm dicke Scheiben schneiden. Einen Steinpilz in 4 bis 5 Scheiben mit etwa 0,5 cm Dicke aufschneiden und beiseitestellen. Den Ofen auf 180 °C Heißluft vorheizen.

Die Eier trennen. Das Eiweiß steif schlagen. Die Eigelb mit der Milch, der Sahne, dem Quark und der zerlassenen Butter glatt rühren und mit Salz und Pfeffer würzen. Das gesiebte Mehl in die Eimasse einrühren und zum Schluss das steif geschlagene Eiweiß unterheben.

Die geschnittenen Pilze mit dem Rapsöl in einer Pfanne anbraten, Pilze aus der Pfanne nehmen und mit Salz und Pfeffer würzen. Die beiseitegestellten Steinpilzscheiben ebenfalls kurz von beiden Seiten in der Pfanne anbraten. Die Pilzstücke vorsichtig unter den Teig heben.

Die restliche Butter in einer Pfanne erhitzen, den Teig in die Pfanne gießen und kurz stocken lassen. Die übrigen Steinpilzscheiben ringförmig auf den Teig legen und die Pfanne für ca. 8 Minuten in den Ofen stellen, damit der Schmarrn aufgeht.

Den Ofen auf Grillfunktion stellen, den Schmarrn mit dem geriebenen Bergkäse bestreuen und im Ofen goldbraun gratinieren. Den Schmarrn aus dem Ofen nehmen und in vier Stücke aufschneiden.

BOHNENSALAT MIT HASELNUSSPESTO

Die Bohnenkerne, wenn sie frisch sind, aus den Bohnenschoten pulen und in Salzwasser bissfest kochen. In kaltem Wasser abschrecken und die Haut mit den Fingern von den Bohnenkernen schälen.

Die Prinzessbohnen putzen, die beiden Enden abschneiden und ebenso in kochendem Salzwasser bissfest garen.

ANRICHTEN

40 g Lauchzwiebel, in Ringe geschnitten

Majoranblättchen zum Garnieren

Anschließend in kaltem Wasser abschrecken. Einen Teil der grünen Bohnen ganz lassen, die restlichen in ca. 1 cm lange Stücke schneiden.

Für das Haselnusspesto die getrockneten Tomaten in kleine Würfel schneiden. Das Bohnenkraut, die Petersilie und den Knoblauch fein hacken und mit den Haselnüssen, Öl, Essig und dem süßen Senf verrühren. Zum Schluss mit Salz und Pfeffer abschmecken.

Die geschnittenen Bohnen, die Bohnenkerne und die Tomatenwürfel mischen, mit der Hälfte des Pestos vermengen und etwa 15 Minuten ziehen lassen.

ANRICHTEN

Die Waldpilzschmarrnstücke auf Teller geben und mit den geschnittenen Lauchzwiebeln bestreuen. Nach Belieben mit Majoranblättchen garnieren. Den Bohnensalat separat zu dem Waldpilzschmarrn reichen. Dafür die ganzen grünen Bohnen auf Tellern oder in kleinen Schüsseln anrichten, mit dem restlichen Pesto beträufeln und die marinierten Bohnen darübergeben.

Wolfgang Hofmann sorgt im Tölzer Kasladen mit einer täglichen »Biermassage« dafür, dass der Wies'n-Käse sein volles Aroma entwickelt. Das Bild rechts unten zeigt den Käfer Bierkäse für die Wies'n zwei Wochen gereift und von etwas hellerer Farbe (linke Seite) und vier Wochen alt (rechte Seite).

KAS
TÖLZER
KASLADEN

DREIERLEI GEFÜLLTE PAPRIKA

GEFÜLLTE PAPRIKA

Jeweils 4 rote, gelbe und grüne Minipaprika
250 g Blaukraut (siehe Rezept Niederbayrische Frühmastente S. 162)
250 g Rahmspinat-Füllung
250 g Tomaten-Basilikum-Salat

RAHMSPINAT-FÜLLUNG

600 g frischer Blattspinat
1 Schalotte, fein gewürfelt
1/2 Knoblauchzehe, fein gehackt
50 g Butter
200 ml heiße Béchamelsauce (siehe Grundrezept S. 257)
Salz, frisch gemahlener schwarzer Pfeffer
Muskatnuss, frisch gerieben

TOMATEN-BASILIKUM-SALAT

4 Fleischtomaten
1 Schalotte, fein gewürfelt
1 Knoblauchzehe, gehackt
1 kleines Bund Basilikum
3 EL sardisches Olivenöl
1 EL weißer Balsamicoessig
Saft von 1/2 Bio-Zitrone
1/2 TL Puderzucker

RAHMSPINAT-FÜLLUNG

Den Spinat putzen, die Stiele entfernen und waschen. Die Blätter in kochendem Salzwasser kurz blanchieren, in Eiswasser abschrecken und in einem Tuch kräftig ausdrücken. Mit einem Messer grob hacken.

Die Butter in einem Topf zergehen lassen und darin die Schalottenwürfel und den Knoblauch glasig anschwitzen. Den Spinat zugeben, kurz durchschwenken und die heiße Béchamelsauce zugießen. Mit Salz, Pfeffer und Muskatnuss abschmecken.

TOMATEN-BASILIKUM-SALAT

Die Tomaten waschen, vierteln, von den Kernen befreien und grob würfeln. Die Kerne für die Tomatensauce beiseitestellen. Die Tomatenwürfel in einer Schüssel mit den Schalotten, dem Knoblauch und dem fein geschnittenen Basilikum vermengen. Die Tomaten mit dem Olivenöl, Essig und dem Zitronensaft marinieren. Mit Salz, Pfeffer und Puderzucker abschmecken.

GEFÜLLTE PAPRIKA

Die Paprikaschoten waschen und von oben einen etwa 0,5 cm dicken Deckel abschneiden. Mit einem kleinen Messer vorsichtig die Kerne und die weißen Fruchtwände herausschneiden. Die ausgehöhlten Paprikaschoten jeweils mit der Spinatfüllung, dem Blaukraut oder dem Tomatensalat füllen. Die Deckel wieder auflegen, und die Schoten in einen Bräter setzen. Im vorgeheizten Backofen bei 160 °C Umluft etwa 5 bis 10 Minuten backen.

TOMATENSAUCE

Das Olivenöl in einem kleinen Topf erhitzen, und die Tomatenkerne darin kurz anschwitzen. Mit dem Puderzucker

TOMATENSAUCE

1 EL sardisches Olivenöl

Kerne der Tomaten

1 EL Puderzucker

1 EL Weißwein, trocken

100 ml Sahne

bestreuen und mit dem Weißwein ablöschen. Alles ca. 3 Minuten einkochen lassen, mit der Sahne aufgießen und nochmals erhitzen, aber nicht aufkochen. Mit einem Pürierstab schaumig aufmixen und mit Salz und Pfeffer abschmecken.

ANRICHTEN

Die Paprikaschoten auf Tellern anrichten und mit der Tomatensauce nappieren.

lebenswerte
Käfer's Wiesn Schänke

Wos Siass zum End

Dessert

Kreativ und innovativ

Das größte Volksfest der Welt mit jährlich über 6 Millionen Besuchern – für Gastronomen eine Herausforderung.

Was es heißt, für tausend Leute statt für zehn zu kochen, das lernte Andreas Schinharl während seiner Zeit auf der MS Europa und auf dem Straubinger Gäubodenvolksfest. »Plötzlich hatte ich nicht mehr nur einen 10-Liter-Topf, in dem ich die Sauce kochen sollte, sondern einen 300-Liter-Kipper. Ich brauchte drei Stunden zum Abschmecken.« Auf dem Gäubodenvolksfest im Zelt der Familie Krönner war es dann auch, dass er es zum ersten Mal beruflich mit seiner bayrischen Heimatküche zu tun hatte. Das spornte natürlich an, und so setzte er sein Wissen aus der Gourmetküche – das Qualitätsbewusstsein und die anspruchsvolle Verarbeitung – ein, um die traditionellen Gerichte auch in großen Mengen bestmöglich zu servieren. In der Käfer Wies'n-Schänke sind diese Erfahrungen von besonders großem Nutzen.

Für Käfer sind während der Oktoberfestzeit 55 Köche von früh bis spät beschäftigt, insgesamt 16000 Hendl zu braten, 1000 Gänse zuzubereiten, 20 Spanferkel pro Tag zu verarbeiten und vier Tonnen Kalbshaxen anzurichten. Fünf Tonnen Blaukraut werden für die Gäste der Wies'n-Schänke frisch gekocht, genauso werden die Saucen selbst frisch zubereitet. Den Qualitätsanspruch und die Exklusivität, für die Feinkost Käfer steht, den Wies'n-Besuchermassen zu einem angemessenen Preis zu bieten, daran arbeitet Andreas Schinharl mit Leidenschaft das ganze Jahr über.

»Schinken, Käse, Streichwurst. Das hat jeder und das braucht jeder, weil es zu einem bayrischen Volksfest dazugehört. Die meisten kaufen ihre Produkte bei den Großmetzgern. Die gehen zu den Wirten und bieten ihr Warensortiment jedem an. Und wenn ein solcher Vertreter schlau verhandelt, hat am Ende jeder den gleichen Schinken auf seinem Brotzeitbrettl. Und was habe ich dann Außergewöhnliches? Gar nichts. Bei Käfer ist das anderes. Ich will einen Schinken, den sonst keiner hat und auch nirgendwo bekommen kann.«

Und das funktioniert auch. Durch die Zusammenarbeit mit den Erzeugern und Produzenten selbst. Auf der Suche nach neuen Produkten besucht er den einen oder anderen Metzger oder Gemüsebauer. Dort entdeckt er immer wieder interessante Dinge und erfährt so zum Beispiel, von welchem Bauern der Metzger sein Fleisch für sein ausgezeichnetes Schwarzgeräuchertes hat. Dann besucht er den Bauern und stellt fest, dass dieser eine besondere spezielle Schweinerasse züchtet, die es sonst kaum gibt. Und der kennt dann wieder einen Obstbauer, der alte Apfelsorten anbaut und so weiter und so fort. Die Produzenten kennen und schätzen sich untereinander, weil sie die gleiche Einstellung zu ihrer Arbeit haben. Die Zusammenarbeit mit Produzenten, die häufig noch als Geheimtipp gehandelt werden, bietet Vorteile für alle Beteiligte. Betriebe wie der Geflügelhof Lugeder oder der Spanferkelzüchter Mayr liefern zum Beispiel während der Wies'n-Zeit exklusiv für Käfer und richten ihre Produktion auf die Wünsche des Kunden aus. Mayr weiß im Voraus: Die Käfer-Spanferkel sollen alle ungefähr dieselbe Größe und Form haben und 18 bis 20 Kilogramm wiegen. Anlieferung auf der Wies'n ist morgens um vier, am Nachmittag zuvor werden die Ferkel frisch geschlachtet. Im Gegenzug kann der Spanferkelzüchter mit einer festen Abnahmemenge sowie einem angemessenen Preis rechnen.

Der Käfer Küchendirektor geht sogar einen Schritt weiter, er entwickelt zusammen mit den Produzenten eigene Produkte. Seine Metzgerausbildung ist dabei ein enormer Vorteil: Er weiß, was möglich ist, und kann genau sagen, was er will. »Diese Experimente, ein Produkt selbst entwickeln, macht erstens mir und den Produzenten Spaß und ich nehme dann für die Wies'n eine Tonne davon ab, und darauf kann sich der andere verlassen. Und das ist exklusiv, ein individuelles Produkt, nur für Feinkost Käfer. Ein anderer bekommt das nicht, ich habe so eine Art Kopierschutz, denn entweder habe ich es selbst entwickelt oder aber es ist nicht massentauglich.« Sprich: Den anderen fehlt das Know-how, um es nachzumachen, oder es ist für die Massenproduktion zu aufwendig und zu teuer.

Spanferkelpresssackpralinen, Streichwurst aus Spanferkel, Paprikabauch von Spanferkelzüchter Mayr, Rotweinschinken von der *Metzgerei Huber*, Bierkäse aus der Jachenau, die Wies'n-Streichwurst mit eigener Rezeptur und spezieller Schweinezüchtung von der *Metzgerei Max*, der Wies'n-Käse, für den ein halbes Jahr getüftelt wurde – diese Eigenkreationen macht keiner so schnell nach. »Wenn ich auf der Wies'n unser Brotzeitbrett'l neben die anderen stelle, habe ich genauso meinen Schinken, meinen Käse drauf, wie alle anderen auch. Aber unseres schmeckt anders. Und das ist der Unterschied, auf den es ankommt!«

Exklusiv und außergewöhnlich bedeutet nicht immer nur Kaviar, Hummer und Champagner. »Die Leute sollen auf dem Oktoberfest die bayrische Küche in Topqualität bekommen. Wir entwickeln eine eigene Käfer-Bratwurst, die kann sich jeder leisten, und die Rösti sind nicht aus dem ›Packerl‹, sondern aus drei verschiedenen Kartoffelsorten frisch gemacht.« Die Käfer Wies'n-Schänke ist ein Gesamtkunstwerk. Die Schänke ist kein »Zelt«, sondern ein massives Holzgebäude mit gemütlichen Sitzecken, geschnitzten Holzbänken; die Dekoration bayrisch, urig und gemütlich, aber mit Stil. Genauso lässt sich die bayrische Küche, die Andreas Schinharl vertritt, beschreiben: traditionell, bodenständig und natürlich, mit qualitativ hochwertigen Produkten. Und diese Leidenschaft für die bayrische Küche möchte der Koch an seine Gäste weitergeben.

WEISS-BLAUE BAYRISCH CREME IM GLAS

BLAUE JOHANNISBEERCREME

100 g weiße Kuvertüre, fein gehackt
125 g schwarzes Johannisbeermark
20 g Zucker
30 g Eigelb
1 1/2 Blatt Gelatine, in kaltes Wasser eingeweicht und ausgedrückt
125 ml geschlagene Sahne

WEISSE BAYRISCH CREME

50 ml Milch
1/4 Vanilleschote
50 g Eigelb
30 g Zucker
2 Blatt Gelatine, in kaltes Wasser eingeweicht und ausgedrückt
40 ml kalte Milch
250 g geschlagene Sahne

MILCHSCHAUM

100 ml fettarme Milch

BLAUE JOHANNISBEERCREME

Die weiße Kuvertüre in einer Schüssel über einem heißen Wasserbad vorsichtig schmelzen lassen. Das Wasser darf dabei nicht zu heiß sein, sonst gerinnt die Kuvertüre.

Das schwarze Johannisbeermark mit der Hälfte des Zuckers in einem kleinen Topf aufkochen. In der Zwischenzeit den Rest des Zuckers mit dem Eigelb schaumig schlagen. Das heiße Johannisbeermark langsam, aber sorgfältig in die Eimasse rühren. Alles in einem Topf erhitzen und die Mischung zur Rose abziehen (siehe TIPP), bis sie cremig ist.

Die eingeweichte Gelatine zugeben, alles durch ein feines Sieb passieren und in die geschmolzene Kuvertüre rühren, bis sich die Gelantine aufgelöst hat und eine homogene Masse entsteht. Die Creme auf ca. 25 °C herunterkühlen, und die geschlagene Sahne vorsichtig unterheben.

Die Creme in die vorgekühlten, schräg gestellten Gläser gießen und kühl stellen, bis sie fest wird.

WEISSE BAYRISCH CREME

Die Milch mit dem Vanillemark und der ausgekratzten Vanilleschote zum Kochen bringen. In der Zwischenzeit das Eigelb mit dem Zucker schaumig schlagen. Die Vanilleschote entfernen, und die kochende Milch langsam in die Eimasse gießen, dabei kräftig rühren. Alles in einem Topf erhitzen und die Mischung so zur Rose abziehen, (siehe TIPP), bis sie cremig ist.

Die Gelatine zugeben und rühren, bis sie sich aufgelöst hat. Die Masse durch ein feines Sieb passieren. Nun die kalte Milch einrühren. Wenn die Masse auf ca. 25 °C abgekühlt ist, die geschlagene Sahne unterheben.

Die Bayrisch Creme in die gerade gestellten Gläser auf die feste Johannisbeercreme gießen, bis zur oberen Kante

BRANDTEIG FÜR DIE GARNITUR

30 ml Wasser

30 ml Milch

1/2 TL Zucker

Salz

25 g Butter

35 g Weizenmehl Type 405

1 Ei

Puderzucker zum Bestäuben

Immer zur Halbzeit der Wies'n, am Bergfest, gibt es für die Mitarbeiter der Wies'n-Schänke vor Arbeitsbeginn am Sonntagvormittag einen Frühschoppen mit Büfett.

der blauen Creme. Dann die Gläser mit der weißen und blauen Creme nochmals kühl stellen.

TIPP: Zur Rose abziehen heißt, dass die Creme nach der Milchzugabe so lange erhitzt wird, bis sich durch festes Blasen auf etwas Creme auf der Rückseite eines Holzlöffels ein rosenähnliches Muster bildet. Die Creme darf nicht kochen und heißer als 80 °C werden, da sie sonst gerinnt.

MILCHSCHAUM

Die fettarme Milch in einem kleinen Topf auf ca. 50 bis 60 °C erwärmen. Dabei gut mit einem Schneebesen oder Milchaufschäumer aufschäumen. Sie können auch die Aufschäumdüse Ihrer Kaffeemaschine verwenden.

BRANDTEIG

Wasser mit Milch, Zucker, Salz und Butter in einem kleinen Topf zum Kochen bringen. Das gesiebte Mehl auf einmal zugeben. Mit einem Kochlöffel die Masse kräftig glatt rühren und abbrennen, bis sich am Topfboden ein weißer Belag bildet. Den Teig in eine Schüssel füllen und auf ca. 40 °C abkühlen lassen. Das Ei einrühren, sodass ein weicher Teig entsteht.

Den Brandteig in einen Spritzbeutel mit kleiner Lochtülle füllen und auf ein mit Backpapier ausgelegtes Blech feine Linien spritzen. Mit Puderzucker bestäuben und die Brandteigstäbchen im vorgeheizten Ofen bei 200 °C ca. 8 Minuten hellbraun backen.

ANRICHTEN

Die weiß-blaue Bayrisch Creme mit dem Milchschaum garnieren und mit einem Brandteigstäbchen dekorieren.

CHIEMGAUER APFEL IM SCHLAFROCK MIT WEISSBIERSABAYON UND VANILLEEIS

BLÄTTERTEIG

FÜR 4 PLATTEN À 16 X 16 CM

Für das Rezept können Sie auch frischen Blätterteig kaufen.

250 g Weizenmehl Type 405

250 g Butter

1 Eigelb

25 g Weinessig oder Zitronensaft

1 Prise Salz

etwas kaltes Wasser

APFEL IM SCHLAFROCK

4 Äpfel (Sorte: Brettacher, direkt beim Bauern erhältlich)

Zimtzucker (Zucker mit etwas Zimt vermischt)

Saft von 1 Bio-Zitrone

150 g geriebene Haselnüsse oder süße Brösel (Biskutteig zu Bröseln zerkleinert)

60 g Ribiselmarmelade (Johannisbeermarmelade)

2 Eigelb

40 ml Milch

einige ganze Gewürznelken

4 Blätterteigplatten, 16 x 16 cm groß

WEISSBIERSABAYON

150 ml Weißbier

75 g Eigelb

75 g Zucker

1 EL Zitronensaft, frisch gepresst

Abrieb von 1 Bio-Zitrone

Mark von 1/2 Vanilleschote

BLÄTTERTEIG

60 g Mehl abwiegen und mit der gut gekühlten Butter verkneten. Zu einem Quader formen und zugedeckt im Kühlschrank 20 Minuten ruhen lassen.

Das restliche Mehl sieben und in der Küchenmaschine mit dem Eigelb, dem Weinessig, Salz und, wenn der Teig zu trocken wird, etwas kaltem Wasser zu einem festen, glänzenden Teig verkneten.

Den Teig wieder zu einem Quader formen und zugedeckt 20 Minuten in den Kühlschrank stellen. Anschließend den Teig auf einer leicht bemehlten Arbeitsplatte etwa 1 cm dick auf ca. 25 x 15 cm ausrollen.

Die Mehlbutter aus dem Kühlschrank nehmen und zwischen zwei Lagen Backpapier auf ca. 10 x 15 cm ausrollen. Das Backpapier entfernen. Die Mehlbutterplatte auf die linke Hälfte des ausgerollten Teigs legen. Die andere Hälfte über die Mehlbutterplatte klappen und gut andrücken. Den Teig gleichmäßig auf etwa 15 x 30 cm ausrollen. 1/3 der linken Teighälfte nach innen klappen und die rechte Hälfte darüberlegen (einfache Tour).

Den Teig auf einem Blech ca. 20 Minuten im Kühlschrank ruhen lassen. Anschließend den Teig erneut auf etwa 15 x 30 cm ausrollen. Beide Teigseiten zur Mitte hin einklappen und anschließend die linke Hälfte auf die rechte Hälfte legen (doppelte Tour).

Den Teig wiederum 20 Minuten im Kühlschrank ruhen lassen. Den Teig erneut gleichmäßig auf 15 x 30 cm ausrollen und jeweils eine einfache und eine doppelte Tour wiederholen.

Nach der zweiten doppelten Tour und anschließender Kühlzeit den Blätterteig wieder gleichmäßig ausrollen und in vier Platten mit jeweils 16 x 16 cm portionieren.

VANILLEEIS

125 ml Sahne

125 ml Milch

1/2 Vanilleschote

60 g Zucker

50 g Eigelb

TIPP: Alle Zutaten, Arbeitsgeräte und Flächen müssen so kühl wie möglich sein, um einen guten Blätterteig zu erhalten. Der Teig muss nach jedem Arbeitsgang zugedeckt gekühlt werden, damit er beim Backen locker aufgeht und nicht speckig wird. Die Backformen, in denen der Blätterteig gebacken wird, nur mit etwas Wasser auswaschen und nicht mit Butter einfetten. Die Butter wird sonst beim Backen braun, und der Teig verfärbt sich.

APFEL IM SCHLAFROCK

Die Äpfel schälen, mit einem Kernausstecher entkernen und mit Zimtzucker und Zitronensaft einreiben. Die Äpfel in einem Teil der geriebenen Nüsse oder süßen Brösel wälzen und die Johannisbeermarmelade mit einem Spritzbeutel in das ausgestochene Loch füllen. Das Eigelb mit der Milch verquirlen.

Die Blätterteigquadrate (16 x 16 cm) auslegen und die Kanten mit der Eiermilch bestreichen. In die Mitte der Quadrate etwas geriebene Haselnüsse streuen und je einen vorbereiteten Apfel daraufsetzen. Die Äpfel in den Blätterteig einschlagen, die Kanten aufeinanderlegen und zusammendrücken. Den überstehenden Teig fest an den Apfel drücken oder abschneiden. Die oberen Teigenden mit einer Nelke feststecken, damit der Teig zusammenhält.

Die Blätterteigäpfel mit der restlichen Eiermilch einstreichen und im Kühlschrank 30 Minuten ruhen lassen.

Die Äpfel auf ein mit Backpapier ausgelegtes Backblech setzen und im vorgeheizten Backofen bei 200 °C Unter-Ober-Hitze ca. 10 Minuten goldgelb backen. Dann die Temperatur auf 170 °C reduzieren und weitere 10 Minuten goldbraun backen.

WEISSBIERSABAYON

Einen Topf mit Wasser zum Kochen bringen. Das Eigelb mit dem Zucker in einer hitzebeständigen Schüssel schaumig schlagen und Zitronensaft, -abrieb und das Vanillemark zugeben. Die Schüssel auf den Wassertopf setzen und die Eimasse über dem heißen Wasserbad weiter schaumig schlagen, bis sie etwa das dreifache Volumen hat.

WICHTIG: Die Schüssel vom Wasserbad nehmen, wenn die Masse sich am Boden festsetzt. Denn bei einer Temperatur von über 82°C gerinnt die Masse und wird grieselig.

VANILLEEIS

Die Sahne, die Milch, das Vanillemark und die ausgekratzte Vanilleschote mit der Hälfte des Zuckers aufkochen. In der Zwischenzeit die Eigelb mit dem restlichen Zucker verrühren und damit die Milch-Sahne-Mischung zur Rose abziehen (siehe TIPP). Alles nur langsam bis knapp zum Siedepunkt von 82 °C erhitzen, bei höherer Temperatur gerinnt das Eigelb. Die Masse durch ein Sieb passieren, abkühlen lassen und in einer Eismaschine cremig anfrieren.

TIPP: Zur Rose abziehen heißt, dass die Creme nach der Milchzugabe so lange erhitzt wird, bis sich durch festes Blasen auf etwas Creme auf der Rückseite eines Holzlöffels, ein rosenähnliches Muster bildet. Die Creme darf nicht kochen und heißer als 80 °C werden, da sie sonst gerinnt.

ANRICHTEN

Die Äpfel im Schlafrock auf Teller anrichten. Die Weißbiersabayon und das Vanilleeis separat zu den Äpfeln in kleinen Schälchen reichen.

AUFLAUF VOM HEIMISCHEN BOSKOP-APFEL UND HIRSCHBIRNENSAUCE

SÜSSE ROYAL

2 Eier
75 g Zucker
150 ml Sahne
150 ml Milch
Mark von 1/2 Vanilleschote
Abrieb von 1/2 Bio-Zitrone
1 Prise Salz

APFELAUFLAUF

2 EL flüssige Butter
1 EL Zucker
12 Scheiben Toastbrot
4 Äpfel (Boskop)
1 EL Zitronensaft
1 EL Zimtzucker (Zucker mit Zimt)

WALNUSSEIS

250 ml Sahne
250 ml Milch
1/2 Vanilleschote
75 g geröstete Walnüsse
5 Eigelb
125 g Zucker
25 g Nugat

SÜSSE ROYAL

Die Eier, den Zucker, die Sahne, die Milch sowie das Vanillemark miteinander verrühren und mit dem Zitronenabrieb und Salz abschmecken.

APFELAUFLAUF

Vier kleine Auflaufformen oder ca. acht Souffléförmchen mit der flüssigen Butter einpinseln und mit dem Zucker ausstreuen, damit der Pudding später nicht kleben bleibt.

Die Toastbrotscheiben entrinden und das Innere in 1 cm große Würfel schneiden. Die Äpfel schälen, vom Kerngehäuse befreien und ebenfalls in 1 cm große Würfel schneiden. Die Apfelwürfel mit Zitronensaft beträufeln, mit Zimtzucker bestreuen und vorsichtig mit den Toastbrotwürfeln mischen.

Die Förmchen zu 2/3 mit den Apfel-Toast-Würfeln füllen, mit der süßen Royal aufgießen und 30 Minuten ruhen lassen, damit das Toastbrot die Royal aufsaugen kann. Bei Bedarf etwas süße Royal nachgießen, sodass die Förmchen bis knapp unter den Rand gefüllt sind.

Die Auflaufförmchen im vorgeheizten Backofen bei 180 °C Heißluft 35 Minuten goldbraun backen. Für die Garprobe mit einem Holzspieß in die Auflaufmasse stechen. Bleibt nichts daran kleben, ist der Auflauf fertig.

TIPP: Die Apfelmasse kann nach Belieben mit Rosinen oder Mandelsplittern verfeinert werden.

WALNUSSEIS

Die Sahne und die Milch mit der ausgekratzten Vanilleschote, dem Vanillemark und den gerösteten Walnüssen etwa 5 Minuten leicht köcheln lassen. Die Milchmischung pürieren und durch ein feines Sieb passieren.

APFELRAGOUT

150 ml Wasser

50 g Zucker

1/2 Vanilleschote

Abrieb von 1/2 Bio-Zitrone

1/2 Sternanis

4 Äpfel (Elstar)

HIRSCHBIRNENSAUCE

125 ml Milch

20 g Zucker

1/2 Vanilleschote

1 Eigelb

1 TL Stärke

45 ml flüssige Sahne

15 ml Hirschbirnenbrand (Bezugsquelle siehe Produzentenverzeichnis, alternativ einen anderen Birnenschnaps)

KARAMELLISIERTE WALNÜSSE

50 g Walnüsse

Puderzucker

20 g Zucker

10 g Butter

Das Eigelb mit dem Zucker schaumig schlagen und die heiße Milch kräftig in die Eimasse rühren. Alles nochmals in einem Topf erhitzen und die Mischung zur Rose abziehen (siehe TIPP). Den Nugat darin auflösen und nochmals durch ein Sieb passieren. Die Masse abkühlen und in einer Eismaschine cremig anfrieren.

TIPP: Zur Rose abziehen heißt, dass die Creme nach der Milchzugabe so lange erhitzt wird, bis sich durch festes Blasen auf etwas Creme auf der Rückseite eines Holzlöffels, ein rosenähnliches Muster bildet. Die Creme darf nicht kochen und heißer als 80 °C werden, da sie sonst gerinnt.

APFELRAGOUT

Das Wasser mit dem Zucker, der ausgekratzten Vanilleschote, dem Vanillemark, dem Zitronenabrieb und dem Sternanis aufkochen. In der Zwischenzeit die Äpfel schälen und in 1 cm große Würfel schneiden. Die Abschnitte beiseitestellen.

Die Vanilleschote und den Anis aus dem Sud entfernen, die Apfelabschnitte zufügen und weich kochen. Die Mischung mit einem Stabmixer zu einer leicht cremigen Sauce pürieren. Die Apfelwürfel zugeben und bei niedriger Hitze bissfest köcheln. Das Ragout abkühlen lassen.

HIRSCHBIRNENSAUCE

Die Milch mit dem Zucker und der ausgekratzten Vanilleschote und dem Vanillemark zum Kochen bringen. Das Eigelb mit der Stärke und 1 EL heißer Milch verrühren und in die heiße Milch gießen. Vorsichtig unter ständigem Rühren erhitzen, bis die Sauce andickt. Die Milch darf nicht zu heiß werden, da das Eigelb sonst gerinnt.

ANRICHTEN

Minzeblätter zum Garnieren

Die Sauce durch ein Sieb passieren und die flüssige Sahne und den Hirschbirnenbrand einrühren.

TIPP: Alternativ können Sie auch Williams-Birnen-Schnaps verwenden.

KARAMELLISIERTE WALNÜSSE

Die Walnüsse mit etwas Puderzucker bestreuen und im heißen Ofen braun rösten.

In einem kleinen Topf den Zucker karamellisieren lassen. Die Butter für eine cremige Konsistenz zugeben. Die Walnüsse sofort zufügen, kurz durchschwenken und zum Abkühlen auf Backpapier verteilen.

ANRICHTEN

Den gebackenen Auflauf aus den Förmchen stürzen und in die Tellermitte platzieren. Mit etwas Apfelragout und Hirschbirnensauce anrichten. Den Auflauf mit Puderzucker bestäuben und eine Kugel Walnusseis daraufsetzen. Mit den karamellisierten Walnüssen und nach Belieben mit Minzeblättern garnieren.

GEBACKENE GRIESSSCHNITTEN MIT RHABARBERRÖSTER UND ZIMTEIS

GRIESSSCHNITTEN

500 ml Milch
10 g Butter
50 g Zucker
1 Prise Salz
Abrieb von 1 Bio-Zitrone
Abrieb von 1 Bio-Orange
1 Scheibe Ingwer, geschält
1/4 Vanilleschote
160 g Weizengrieß
2 Eier
etwas Johannisbeermarmelade

PANADE

1 Ei
50 g Milch
70 g Semmelbrösel
20 g Zimtzucker (Zucker mit etwas Zimt vermischt)
50 g Weizenmehl Type 405
100 g Butterschmalz

RHABARBERRÖSTER

500 g frischer Rhabarber
200 g Zucker
1 Scheibe Ingwer
1/4 Vanilleschote, aufgeschlitzt
Saft und Abrieb von 1/2 Bio-Zitrone
Saft und Abrieb von 1/2 Bio-Orange
1 Zweig Minze, grob gezupft
1 Sternanis, ganz
1 TL Speisestärke

GRIESSSCHNITTEN

Die Butter, den Zucker, Salz sowie den Zitronen- und Orangenabrieb in die Milch geben. Die Ingwerscheibe, die ausgekratzte Vanilleschote und das Vanillemark zufügen und alles aufkochen. Anschließend die Schote und die Ingwerscheibe wieder entfernen.

Den Grieß einrühren, nochmals aufkochen, dann etwa 2 Minuten ausquellen lassen. Den Topf vom Herd nehmen und die Eier unter die noch warme Masse rühren.

Ein Backblech etwas anfeuchten und mit Klarsichtfolie glatt auslegen. Die Grießmasse auf das Blech geben und ca. 0,7 cm dick ausstreichen. Den Grieß mit einem angefeuchteten Backpapier bedecken und abkühlen lassen.

Die gut ausgekühlte Grießplatte mit etwas Johannisbeermarmelade bestreichen, in zwei Hälften schneiden und mit der Marmeladenseite nach innen aufeinanderlegen. In gleich große Stücke von 3 x 6 cm schneiden.

PANADE

Das Ei mit der Milch verquirlen und die Semmelbrösel mit dem Zimtzucker mischen. Die Grießschnitten in Mehl wenden, durch die Eiermilch ziehen und von beiden Seiten mit den Zucker-Semmelbröseln panieren. Die Panade gut andrücken.

Das Butterschmalz in einer Pfanne erhitzen, und die panierten Grießschnitten darin auf beiden Seiten goldgelb backen. Auf einem Küchenpapier abtropfen lassen.

RHABARBERRÖSTER

Den Rhabarber waschen, schälen und in gleichmäßige 2 x 2 cm große Stücke schneiden. Die Rhabarberstücke in ein tiefes Backblech oder einen Bräter geben und mit dem Zucker bestreuen. Die Ingwerscheiben und die Vanilleschote,

ZIMTEIS

250 ml Sahne

250 ml Milch

1/2 Vanilleschote, aufgeschlitzt

5 g Zimtpulver

1/2 Stange Zimt

125 g Zucker

5 Eigelb

25 g Nugat, gehackt

ANRICHTEN

Puderzucker zum Bestäuben

den Saft und Abrieb von Zitrone und Orange, die Minze sowie den Sternanis zufügen. Eine Stunde ruhen lassen, bis der Rhabarbersaft ausgetreten ist, dann mit Backpapier abdecken und im Ofen bei 160 °C Unter-Ober-Hitze etwa 15 bis 20 Minuten bissfest backen. Aus dem Ofen nehmen und den Rhabarber schnell herunterkühlen.

Den Saft und die Gewürze durch ein Sieb abgießen und aufkochen. Die Stärke mit etwas Wasser anrühren, den Rhabarbersaft damit abbinden und nach Belieben mit etwas Zucker nachsüßen. Anschließend nochmals durch ein Sieb passieren, etwas abkühlen lassen und über die Rhabarberstücke gießen.

ZIMTEIS

Die Sahne mit der Milch, der Vanilleschote, dem Zimt und der Hälfte des Zuckers aufkochen. In der Zwischenzeit die Eigelb mit dem restlichen Zucker schaumig schlagen und die heiße Milch kräftig in die Eimasse rühren. Alles nochmals in einem Topf erhitzen und die Mischung zur Rose abziehen (siehe TIPP). Den Nugat darin auflösen und nochmals durch ein Sieb passieren. Die Masse abkühlen und in einer Eismaschine cremig anfrieren.

TIPP: Zur Rose abziehen heißt, dass die Creme nach der Milchzugabe so lange erhitzt wird, bis sich durch festes Blasen auf etwas Creme auf der Rückseite eines Holzlöffels, ein rosenähnliches Muster bildet. Die Creme darf nicht kochen und heißer als 80 °C werden, da sie sonst gerinnt.

ANRICHTEN

Die Grießschnitten auf Teller geben und mit Puderzucker bestäuben. Mit dem Rhabarberröster und einer Kugel Zimteis anrichten.

TOPFENSOUFFLÉ MIT PREISELBEERRAGOUT

TOPFENSOUFFLÉ

4 Auflaufformen (Souffléförmchen)
30 g flüssige Butter
30 g Zucker für die Formen
250 g Topfen (Quark), abgehangen
38 g Speisestärke
Abrieb von 1/4 Bio-Zitrone
Abrieb von 1/4 Bio-Orange
je 15 g Pinien- und Pistazienkerne, grob gehackt
60 g Eigelb
70 g Zucker
40 g Eiweiß
Puderzucker zum Bestäuben

PREISELBEERRAGOUT

50 ml Weißwein, trocken
100 g Zucker
50 ml Wasser
1/4 Vanilleschote, aufgeschlitzt
400 g frische Preiselbeeren

TOPFENSOUFFLÉ

Die Auflaufformen mit der flüssigen Butter auspinseln und mit dem Zucker ausstreuen. Diesen Vorgang wiederholen.

Den Topfen in ein mit einem Tuch ausgelegtes Sieb geben, auf eine Schüssel stellen und über Nacht im Kühlschrank abhängen lassen. Den Topfen mit der Stärke und dem Zitronen- und Orangenabrieb verrühren. Die Pinien- und Pistazienkerne in einer Pfanne ohne Fettzugabe rösten, etwas abkühlen lassen und in den Topfen rühren.

Die Eigelb mit 50 g Zucker in der Küchenmaschine schaumig aufschlagen und unter den Topfen mengen. Das Eiweiß mit dem restlichen Zucker zu Eischnee schlagen und vorsichtig unter die Topfen-Eigelb-Masse heben.

Die Auflaufmasse in die Förmchen füllen, glatt streichen und im vorgeheizten Ofen bei 200 °C Unter-Ober-Hitze ca. 15 bis 20 Minuten goldbraun backen. Sofort servieren, da der Auflauf sonst zusammenfällt.

TIPP: Die Förmchen auf ein Backblech oder in einen Bräter mit etwas Wasser stellen. Das Blech mit einem Tuch auslegen, damit die Förmchen nicht verrutschen.

PREISELBEERRAGOUT

Den Weißwein mit dem Zucker, Wasser und der Vanilleschote zum Kochen bringen. 100 g Preiselbeeren zufügen und weich kochen. Die Schote entfernen und alles pürieren. Die restlichen Preiselbeeren in der Sauce kurz aufkochen, dann abkühlen. Bei Bedarf mit Zucker nachsüßen.

ANRICHTEN

Die Topfensoufflés auf Teller stürzen oder mit etwas Puderzucker bestäubt in den Souffléformen servieren. Das Preiselbeerragout separat reichen.

MILLIRAHMSTRUDEL MIT GLASIERTEN TRAUBEN UND VANILLESAUCE

STRUDELTEIG

250 g Weizenmehl Type 405
10 g Zucker
Salz
1 EL Pflanzenöl
100 ml Wasser
1 Eigelb
Zimtzucker (Zucker mit etwas Zimt vermischt) zum Bestreuen
flüssige Butter zum Einstreichen

QUARKFÜLLUNG

200 g trockener Quark (Magerquark in einem sauberen Tuch ausgepresst)
40 g Zucker
25 g Vollei
30 ml flüssige Sahne
40 ml Sauerrahm
1 Prise Salz
Mark von 1/4 Vanilleschote
Abrieb von 1/4 Bio-Zitrone
Abrieb von 1/4 Bio-Orange
30 g flüssige Butter
50 g frische, kernlose weiße Trauben, halbiert

SÜSSE ROYAL

300 ml Milch
300 g Vollei
300 ml flüssige Sahne
80 g Zucker
5 g Creme- oder Puddingpulver
Salz

STRUDELTEIG

Das Mehl, den Zucker und etwas Salz in eine Schüssel geben. Das Öl mit dem Wasser und dem Eigelb verrühren und zügig in das Mehlgemisch einrühren. Anschließend mit den Händen oder in einer Küchenmaschine zu einem glatten Teig verarbeiten. Den Teig in Klarsichtfolie wickeln und im Kühlschrank 1/2 Stunde ruhen lassen.

QUARKFÜLLUNG

Den Quark mit dem Zucker, dem Vollei, der Sahne, dem Sauerrahm und dem Vanillemark verrühren. Zum Schluss die flüssige Butter zufügen. Unter die fertige Quarkmasse die Trauben heben. Anschließend mit etwas Salz und dem Orangen- und Zitronenabrieb abschmecken.

SÜSSE ROYAL

In die Milch das Ei, die Sahne, Zucker und Cremepulver einrühren. Mit Salz, Vanillemark und dem Zitronen- und Orangenabrieb abschmecken.

ZUBEREITUNG STRUDEL

Den Strudelteig auf einem mit Mehl bestäubten Tuch dünn zu einem Rechteck ausrollen. Dann den Teig mit den Händen sehr dünn ziehen, aber er darf nicht reißen. Den Teig mit etwas Zimtzucker bestreuen und den unteren Teil mit der Quarkfüllung bestreichen. Mithilfe des Tuches den Teig nun wie eine Schnecke zu einem Strudel einrollen. Die kurzen Enden des Strudels nach unten einschlagen, damit die Füllung nicht herauslaufen kann.

Den Strudel in einen gleich großen Bräter oder eine Auflaufform setzen, mit flüssiger Butter einpinseln und mit etwas Zimtzucker bestreuen. Die süße Royal über den Strudel gießen, sodass er bedeckt ist. Den Millirahmstrudel im

Mark von 1/2 Vanilleschote
Abrieb von 1/2 Bio-Zitrone
Abrieb von 1/2 Bio-Orange

VANILLESAUCE
100 g Zucker
6 Eigelb
1 Vanilleschote
250 ml Milch

GLASIERTE TRAUBEN
50 g Puderzucker
Saft und Abrieb von 1 Bio-Zitrone
25 g kalte Butter
50 ml Weißwein, trocken
1/4 Vanilleschote
200 g weiße, kernlose Trauben, geschält

vorgeheizten Ofen bei 170 °C Unter-Ober-Hitze etwa 40 Minuten backen. Für eine Garprobe mit einem Holzspieß einstechen. Bleibt nichts am Spieß kleben, ist der Teig gar. Den Strudel aus dem Ofen nehmen und nochmals mit flüssiger Butter einstreichen. Nach Belieben mit etwas Zimtzucker bestreuen.

TIPP: Sie können aus dem Rezept auch zwei kleine Strudel zubereiten. Die Backform soll nicht größer als der Strudel sein, damit dieser von der Royal gut bedeckt ist. Der Strudel ist natürlich auch kalt eine süße Versuchung.

VANILLESAUCE
Den Zucker mit den Eigelb schaumig schlagen. Die Vanilleschote halbieren, auskratzen und zusammen mit dem Mark in der Milch aufkochen. Die Schote entfernen und die heiße Milch in die Zucker-Eigelb-Masse gießen. Das Ganze in einem Topf unter Rühren auf 80°C erhitzen, anschließend durch ein Sieb passieren und etwas abkühlen lassen.

GLASIERTE TRAUBEN
Den Puderzucker in einem kleinen Topf schmelzen und etwas Farbe nehmen lassen. Mit etwas Zitronensaft ablöschen, die kalte Butter unterrühren und mit dem Weißwein aufgießen. Die Vanilleschote und Zitronenabrieb zugeben und leicht dickflüssig einkochen lassen. Die Trauben in der heißen Sauce schwenken. Die Vanilleschote entfernen und nach Belieben mit etwas Zucker nachsüßen.

ANRICHTEN
Den Strudel in Stücke schneiden und in die Mitte des Tellers platzieren. Mit etwas Vanillesauce nappieren und mit glasierten Trauben garnieren. Nach Wahl dekorieren.

BAYRISCHE PFANNKUCHEN MIT FRISCHEN HEIDELBEEREN UND HEIDELBEEREIS

PFANNKUCHENTEIG

125 g Weizenmehl Type 405
250 ml Milch
2 Eier
50 g Zucker
150 ml Weißbier
1 Msp. Vanillemark
Abrieb von 1/4 Bio-Zitrone
Abrieb von 1/4 Bio-Orange
40 g braune flüssige Butter
Salz
Butterschmalz zum Ausbacken

FÜLLUNG FÜR PFANNKUCHEN

70 g trockener Quark (Magerquark in einem sauberen Tuch ausgepresst)
15 g Zucker
Mark von 1/4 Vanilleschote
Saft und Abrieb von 1/4 Bio-Zitrone
Saft und Abrieb von 1/4 Bio-Orange
1 Blatt Gelatine, in kaltes Wasser eingeweicht und ausgedrückt
1 Eiweiß
50 g Zucker
150 g geschlagene Sahne
50 g Heidelbeerragout

HEIDELBEERRAGOUT

120 ml roter Portwein
120 ml Rotwein, trocken
30 g Zucker
1/2 Zimtstange
Abrieb von 1/4 Bio-Zitrone

PFANNKUCHENTEIG

Mehl und Milch mit einem Schneebesen glatt rühren. Die Eier, den Zucker und das Weißbier unterrühren. Mit dem Vanillemark und dem Zitronen- und Orangenabrieb abschmecken. Zum Schluss die Butter zugeben. Mit einer Prise Salz würzen.

In einer beschichteten Pfanne etwas Butterschmalz erhitzen und darin dünne Pfannkuchen ausbacken.

FÜLLUNG FÜR PFANNKUCHEN

Den Quark mit Zucker, Vanillemark und dem Zitronen- und Orangenabrieb verrühren.

Den Orangen- und Zitronensaft leicht erwärmen, die Gelatine darin auflösen und unter den Quark rühren. Das Eiweiß mit dem Zucker zu Schnee schlagen. Den Eischnee und die geschlagene Sahne unter die Quarkmasse heben. Das Heidelbeerragout vorsichtig einrühren, damit eine feine Marmorierung entsteht. Die Masse etwas fest werden lassen und in einen Spritzbeutel füllen.

Auf ein feuchtes Tuch Klarsichtfolie glatt auslegen. Die Pfannkuchen mit einem scharfen Messer zu gleich großen Rechtecken schneiden.

Ein Pfannkuchenrechteck auf die Folie legen. Auf eine lange Seite des Rechtecks auf den Rand die Quarkfüllung spritzen. Den Pfannkuchen aufrollen und in die Klarsichtfolie wickeln. Die Enden der Folie wie ein Bonbon zusammendrehen, bis der Pfannkuchen gleichmäßig dick gerollt ist. Die Pfannkuchenrollen etwa 1 Stunde in den Kühlschrank stellen. Dann diagonal in 2 Hälften schneiden.

HEIDELBEERRAGOUT

Die Weine mit dem Zucker, der Zimtstange, dem Zitronenabrieb und dem Vanillemark zum Kochen bringen und auf

1 Msp. Vanillemark
300 g frische Heidelbeeren

HEIDELBEER-VANILLE-EIS
Vanilleeis
125 ml Sahne
125 ml Milch
1/2 Vanilleschote, aufgeschlitzt
60 g Zucker
50 g Eigelb

Heidelbeereis
150 ml Wasser
100 g Zucker
250 g Heidelbeermark
15 g Eiweiß
10 g Zucker

1/3 reduzieren. Die Zimtstange entfernen. 100 g von den Heidelbeeren in die Sauce geben und kurz aufkochen. Mit einem Pürierstab oder in der Küchenmaschine fein pürieren und durch ein Sieb streichen. Die restlichen Heidelbeeren vorsichtig in die noch lauwarme Sauce rühren und abkühlen lassen.

HEIDELBEER-VANILLE-EIS

Zunächst für das Vanilleeis die Sahne und die Milch mit der Vanilleschote und der Hälfte des Zuckers aufkochen.

In der Zwischenzeit die Eigelb mit dem restlichen Zucker verrühren und damit die Milch-Sahne-Mischung zur Rose abziehen (siehe TIPP) und durch ein Sieb passieren. Die Masse abkühlen und in der Eismaschine anfrieren.

Für das Heidelbeereis das Wasser mit dem Zucker aufkochen, das Heidelbeermark zugeben und schnell abkühlen lassen. Das Eiweiß mit dem Zucker zu Schnee schlagen und unter die kalte Heidelbeermasse heben. In der Eismaschine anfrieren.

TIPP: Zur Rose abziehen heißt, dass die Creme nach der Milchzugabe so lange erhitzt wird, bis sich durch festes Blasen auf etwas Creme auf der Rückseite eines Holzlöffels, ein rosenähnliches Muster bildet. Die Creme darf nicht kochen und heißer als 80 °C werden, da sie sonst gerinnt.

ANRICHTEN

Die Pfannkuchen auf Teller geben und mit dem Heidelbeerragout und nach Geschmack mit etwas Milchschaum (siehe Rezept Weiß-blaue Bayrisch Creme S. 201) garnieren. Mit einem Eislöffel zunächst etwas Vanilleeis, dann etwas Heidelbeereis ausstechen, um eine marmorierte Kugel zu erhalten. Das Eis neben den Pfannkuchen anrichten.

GEEISTE TOPFENNOCKERL MIT MARILLENKOMPOTT UND SESAMHIPPE

TOPFENNOCKERL

150 g trockener Topfen (Quark in einem sauberen Tuch ausgepresst)
Saft und Abrieb von 1/2 Bio-Orange
Saft und Abrieb von 1/2 Bio-Zitrone
Mark von 1/4 Vanilleschote
1 Prise Salz
1 Eigelb
30 g Zucker
3 Blatt Gelatine, in kaltes Wasser eingeweicht und ausgedrückt
30 g Tannenhonig
25 ml flüssige Sahne
150 g geschlagene Sahne

MARILLENKOMPOTT

6 frische Marillen (Aprikosen)
200 ml Wasser
75 g Zucker
Mark von 1/4 Vanilleschote
1/2 Sternanis
Abrieb von 1/4 Bio-Zitrone
5 g Speisestärke

ZUM ANRICHTEN

1 Portion Sesamhippen (siehe Grundrezept S. 273)

TOPFENNOCKERL

Den trockenen Topfen mit dem Orangen- und Zitronensaft und -abrieb, dem Vanillemark und Salz verrühren.

Das Eigelb mit dem Zucker über einem heißen Wasserbad schaumig aufschlagen und unter die Topfenmasse heben. Den Tannenhonig und die Sahne erwärmen, aber nicht kochen. Darin die Gelatine auflösen und schnell unter die Topfenmasse rühren.

Die Masse leicht stocken lassen und dann die geschlagene Sahne unterheben. In eine Schüssel geben und im Kühlschrank fest werden lassen. Mit einem warmen Esslöffel Nocken abstechen, auf ein beschichtetes Blech oder einen Teller setzen und im Gefrierschrank anfrieren.

MARILLENKOMPOTT

Die Marillen kreuzförmig einschneiden und kurz in kochendes Wasser legen, bis sich die Haut löst. Die Früchte aus dem Wasser nehmen und in Eiswasser abschrecken.

Das Wasser, den Zucker, Vanillemark, Anis und Zitronenabrieb aufkochen und mit der Stärke abbinden. Anschließend durch ein Sieb passieren.

Die Marillen aus dem Eiswasser nehmen, schälen, halbieren, entkernen und in kleine Würfel schneiden. Die Marillenwürfel kurz in der Sauce aufkochen, dann schnell abkühlen.

ANRICHTEN

Die angefrorenen Topfennockerl in die Tellermitte geben und mit einer Sesamhippe garnieren. Das Marillenkompott an der Seite anrichten und nach Wahl mit Minzeblättern und frischen Beeren dekorieren.

WEISSBIERTIRAMISU MIT LAUGENBISKUIT UND MANGOSCHAUM

LAUGENBISKUIT

30 g Eigelb
50 g Zucker
1 Msp. Vanillemark
Abrieb von 1/2 Bio-Zitrone
Salz
15 g Weizenmehl Type 405
25 g getrocknete, fein geriebene Laugenstangen
45 g Eiweiß
etwas Zucker zum Bestäuben

WEISSBIERTIRAMISU

250 g Mascarpone
125 ml Weißbier
Abrieb von 1/4 Bio-Zitrone
65 g Zucker
1 Eigelb
2 Blatt Gelatine, in kaltes Wasser eingeweicht und ausgedrückt
1 Eiweiß

WEISSBIERREDUKTION

500 ml dunkles Weißbier
100 g Zucker
40 g kalte Butterwürfel
1/2 TL Balsamicoessig
1/2 TL Saft von 1 Bio-Zitrone

Die Eigelb mit 25 g Zucker, dem Vanillemark, Zitronenabrieb und einer Prise Salz in einer hitzebeständigen Schüssel über einem maximal 37 °C warmen Wasserbad aufschlagen. Dann vom Wasserbad nehmen und weiter schaumig schlagen, bis es abgekühlt ist.

Das Mehl mit den getrockneten, geriebenen Laugenstangen mischen, sieben und unter die Eigelbmasse rühren. Das Eiweiß mit dem restlichen Zucker zu Eischnee schlagen und unterheben.

Den Laugenbiskuit etwa 4 mm dick auf Backpapier streichen und im vorgeheizten Ofen bei 210 °C Unter-Ober-Hitze etwa 10 Minuten backen. Aus dem Ofen nehmen, abkühlen lassen und mit etwas Zucker bestreuen. Kleine Kreise oder eine andere gewünschte Form ausstechen.

WEISSBIERTIRAMISU

Den Mascarpone mit 100 ml Weißbier, dem Zitronenabrieb und dem Zucker glatt rühren. Anschließend das Eigelb einarbeiten.

Das restliche Weißbier erwärmen, nicht kochen. Darin die Gelatine auflösen und zügig unter die Mascarponemasse rühren. Das Eiweiß mit dem Zucker zu Eischnee schlagen und unter die Masse heben. Die Mascarponemasse stocken lassen, dann in einen Spritzbeutel mit Lochtülle füllen.

WEISSBIERREDUKTION

Das dunkle Weißbier mit dem Zucker aufkochen und auf 1/4 einreduzieren. Dabei ab und zu den Schaum abschöpfen. Wenn das Bier dickflüssig eingekocht ist, die kalte Butter unterrühren, dabei jedoch nicht mehr kochen. Mit Balsamicoessig, Zitronensaft und nach Belieben etwas Zucker abschmecken.

MANGOSCHAUM

100 ml Sahne

10 g Puderzucker, gesiebt

30 g Mangomark

WEISSBIERTRÄNKE

75 ml Weißbier

40 g Zucker

1 TL Saft von 1 Bio-Zitrone

ZUM ANRICHTEN

1 kleine Schale frische Himbeeren und Heidelbeeren (ersatzweise andere frische Beeren der Saison)

MANGOSCHAUM

Die Sahne mit einem Schneebesen leicht anschlagen. Den Puderzucker und das Mangomark unterrühren und bis zur gewünschten Konsistenz weiterschlagen.

WEISSBIERTRÄNKE

Das Weißbier mit Zucker und Zitronensaft aufkochen und dabei den Schaum abschöpfen. Die Flüssigkeit kalt stellen.

ANRICHTEN

Eine Scheibe Laugenbiskuit in der Tellermitte platzieren und mit der Weißbiertränke einstreichen. Eine Beerensorte, zum Beispiel die Himbeeren, mit etwas Abstand auf den Rand der Scheibe setzen. Die Mascarponecreme mit dem Spritzbeutel in die Mitte und in die Zwischenräume spritzen. Eine mit Weißbiertränke eingestrichene Scheibe Laugenbiskuit darauflegen.

Die jeweils andere Beerensorte, zum Beispiel die Heidelbeeren, auf den Rand der zweiten Biskuitscheibe legen und wiederum Mascarponecreme darauf verteilen. Erneut eine mit Weißbiertränke eingestrichene Scheibe Laugenbiskuit darauflegen. Mit dem Mangoschaum die oberste Schicht garnieren.

Die Weißbierreduktion auf den Tellern verteilen und mit den restlichen Beeren und etwas Minze dekorieren.

Die Klosterbrauerei Reutberg produziert das Bier, mit dem der Käfer Wies'n-Käse affiniert wird.

Trüberventil

GEFÜLLTE KARTOFFELTEIGTASCHEN MIT PORTWEINSAUCE UND GLASIERTEN KIRSCHEN

KARTOFFELTEIG

500 g festkochende Kartoffeln (geeignete Sorten: Agata, Linda, Nicola)
Salz
Muskatnuss, frisch gerieben
Zimt, gemahlen
180 g Weizenmehl Type 405
1 Ei
40 g flüssige Butter
etwas Kartoffelstärke bei Bedarf

KIRSCHFÜLLUNG UND PORTWEINSAUCE

150 ml Rotwein
150 ml roter Portwein
90 ml Crème de Cassis (Likör aus schwarzen Johannisbeeren)
40 ml Kirschwasser
50 g brauner Zucker
1/4 Zimtstange
1/2 Sternanis
1 Gewürznelke, ganz
Mark von 1/4 Vanilleschote
300 g frische Kirschen, entsteint und gehackt
5 g Speisestärke, mit wenig kaltem Wasser angerührt
30 g kalte Butterwürfel
12 frische Herzkirschen

ZUBEREITUNG KARTOFFELTEIGTASCHEN

50 ml Eigelb
1 Vanilleschote, ganz
1 Zimtstange

KARTOFFELTEIG

Die am Vortag gekochten Kartoffeln mit einer Gemüsereibe fein reiben und mit Salz und etwas Muskatnuss und Zimt würzen. Das Mehl nach und nach zugeben und mit dem Ei und der flüssigen Butter zu einem mittelfesten Teig verarbeiten. Ist der Teig zu weich, mit etwas Kartoffelstärke binden.

Den fertigen Teig in zwei gleich große Stücke teilen und beide Hälften mit etwas Mehl auf Backpapier zu etwa 2,5 mm dicken Platten ausrollen.

KIRSCHFÜLLUNG UND PORTWEINSAUCE

Den Rotwein, den Portwein, Cassis und Kirschwasser in einem kleinen Topf mit dem Zucker und den Gewürzen 5 Minuten leicht kochen lassen und anschließend durch ein Sieb passieren.

Für die Kirschfüllung ca. 1/3 der Sauce nochmals aufkochen und mit der Stärke abbinden. Die gehackten Kirschen zugeben, kurz durchschwenken und gut abkühlen lassen.

Für die Portweinsauce die restliche Sauce auf die Hälfte reduzieren. Die kalten Butterwürfel mit einem Schneebesen einrühren. Die Sauce sollte dadurch dickflüssig werden. Die gewaschenen, frischen Herzkirschen mehrmals durch die Sauce ziehen, bis sie gleichmäßig benetzt sind.

ZUBEREITUNG KARTOFFELTEIGTASCHEN

Auf die erste Kartoffelteigplatte mit einem Esslöffel die kalte Kirschfüllung portionsweise im Abstand von etwa 5 cm verteilen.

Die Teigfläche zwischen den Füllungen mit Eigelb einpinseln. Die zweite Teigplatte vorsichtig darauflegen und zwischen den Füllungen mit den Fingern gut andrücken. Mit einem Ausstecher runde Ravioli oder mit einem

80 g Butter
1 EL Puderzucker, gesiebt
1/2 EL Mohn, gemahlen

Messer Rechtecke portionieren. Die fertigen Kartoffeltaschen in leicht gesalzenem Wasser mit der Vanilleschote und der Zimtstange etwa 8 bis 10 Minuten leicht wallend kochen.

In einer Pfanne die Butter erhitzen. Die Kartoffeltaschen aus dem Wasser nehmen und in die heiße Butter geben. Mit dem Puderzucker und dem Mohn bestreuen und gut durchschwenken, bis die Taschen gleichmäßig mit dem Mohn überzogen sind.

ANRICHTEN

Die Kartoffeltaschen auf Teller verteilen, mit der restlichen Mohnbutter beträufeln und mit Puderzucker bestäuben. Die glasierten Herzkirschen verteilen und die restliche Portweinsauce mit einem Löffel darübergeben. Nach Wunsch mit etwas Milchschaum (siehe Rezept Weiß-blaue Bayrisch Creme S. 201) überziehen.

TIPP: Vor der Zubereitung der Taschen kann mit einem kleinen Stück Kartoffelteig eine Kochprobe gemacht werden, um sicherzugehen, dass dieser nicht zerfällt. Ist der Teig zu weich oder zu fest, mit etwas Mehl beziehungsweise flüssiger Butter modifizieren.

Die Kartoffeltaschen können auch vorgekocht, in kaltem Wasser abgeschreckt und mit etwas Öl beträufelt, bis zum Servieren auf einem Backblech bereitgestellt werden.

317

NUSSZOPF À LA WILLER

PLUNDERTEIG

40 g Butter
25 g Zucker
35 g Eier
4 g Salz
250 g Weizenmehl Type 550
15 g frische Hefe
Abrieb von 1/4 Bio-Zitrone
1 Msp. Vanillemark
75 ml Milch
150 g Butter, Zimmertemperatur
15 g Weizenmehl Type 550
1 Ei, verquirlt, zum Bestreichen

NUSSFÜLLUNG

250 g Haselnüsse, geröstet und gerieben
50 g flüssige Butter
50 g Zucker
100 g Eiweiß
1 Msp. Ceylon-Zimt, gemahlen

PLUNDERTEIG

Für den Plunderteig die Butter mit dem Zucker verkneten, dabei alle Butterklumpen herauskneten. Die Eier und das Salz gut einarbeiten. Das gesiebte Mehl, die klein gebröselte Hefe, Zitronenabrieb, Vanillemark und die Milch zugeben und zu einem glatten Hefeteig verarbeiten.

Den Teig mit einem Tuch abdecken und im Kühlschrank für 1 Stunde ruhen lassen. Anschließend ca. 1,5 cm dick auf einer bemehlten Arbeitsfläche zu einem Rechteck ausrollen.

Die zimmerwarme Butter mit dem Mehl verkneten und zwischen zwei Backpapierlagen halb so groß wie den Hefeteig ausrollen. Die Butterplatte in die Mitte der Hefeteigplatte legen und die beiden Seiten über die Butterplatte schlagen. Der Teig sollte an allen Stellen gleich dick sein.

Den Teig zu einem Rechteck von etwa 30 x 20 cm ausrollen. 1/3 der linken Seite zur Mitte einklappen und die andere Seite darüberschlagen (einfache Tour). Den Teig anschließend im Kühlschrank 20 Minuten ruhen lassen.

Den ganzen Vorgang noch zweimal wiederholen, so dass der Teig 3 einfache Touren durchläuft. Dazwischen unbedingt jeweils 30 Minuten kühl ruhen lassen, damit dem Teig die Spannung genommen wird und er beim Backen locker aufgeht. Den Hefeteig dann zu einem Quadrat von ca. 30 x 30 cm ausrollen und in 3 Streifen von 10 cm Breite schneiden.

NUSSFÜLLUNG

Für die Nussfüllung die Nüsse mit der flüssigen Butter, dem Zucker, dem ungeschlagenen Eiweiß und dem Zimt zu einer spritzfähigen Masse verrühren und in einen Spritzbeutel füllen. Die Füllung gleichmäßig in die Mitte der 3 Teigstreifen, ca. 4 cm breit, spritzen. Die Teigränder anfeuchten und von der kurzen Seite her über die Füllung schlagen. Die Ränder gut andrücken, damit die Füllung nicht auslaufen kann. Die Teigstränge sollten alle gleich dick sein.

Die drei Stränge zu einem gleichmäßigen Zopf flechten und auf ein mit Backpapier ausgelegtes Backblech legen. Anschließend abgedeckt bei Zimmertemperatur 30 Minuten ruhen lassen.

Den Backofen auf 210 °C Unter-Ober-Hitze vorheizen. Den Zopf mit dem verquirlten Ei einstreichen und in den Ofen stellen. Die Temperatur sofort auf 180 °C verringern und ca. 35 bis 40 Minuten hellbraun backen. Den Nusszopf herausnehmen, etwas abkühlen lassen und servieren.

TIPP: Für ein besonders außergewöhnliches Geschmackserlebnis, den Zopf direkt nach dem Backen mit heißer Aprikosenmarmelade einpinseln und mit gehobelten Mandeln bestreuen.

Dieses Rezept stammt von dem langjährigen Chefpatissier bei Feinkost Käfer, C. Willer, und ist mittlerweile ein Klassiker in der Käferküche.

Kein Zelt, sondern ein richtiges Holzhaus, ist die Käfer Wies'n-Schänke, deshalb dauert der Aufbau seine Zeit.

Wos ma z'erst wiss'n muas

Grundrezepte

RINDERBOUILLON

ZUTATEN FÜR 2 LITER

1,5 kg Rinderknochen, gesägt
4 l Wasser
1 Zwiebel
1 große Karotte
1/4 Knolle Sellerie
1/4 Stange Lauch
2 Knoblauchzehen, zerdrückt
1/2 EL Wacholderbeeren, zerstoßen
1/2 EL Senfkörner
1/2 EL schwarze Pfefferkörner
3 Zweige Thymian
2 Lorbeerblätter, frisch
3 Gewürznelken, ganz
3 Stängel Blattpetersilie
Salz
frisch gemahlener schwarzer Pfeffer

Die Rinderknochen in kochendem Wasser einmal aufkochen. Das Wasser abgießen und die Knochen kalt abwaschen. Im gleichen Topf die Knochen erneut mit 4 l kaltem Wasser aufsetzen und ca. 1 Stunde leicht köcheln lassen. Dabei den Schaum mehrmals mit einer Kelle von der Oberfläche abschöpfen.

Die Zwiebel schälen, halbieren und mit der Schnittfläche nach unten in einer Pfanne dunkel bräunen. Die Karotte, den Sellerie und den Lauch waschen, schälen und in walnussgroße Stücke schneiden. Die Zwiebelhälften, Karotte, Sellerie und die Knoblauchzehen zusammen mit den Gewürzen in die Brühe geben und alles 1 Stunde leicht köcheln. 15 Minuten vor Ende der Kochzeit, den Lauch und die gewaschenen Petersilienstängel dazugeben und ziehen lassen.

Die fertige Bouillon durch ein Tuch oder Sieb passieren und nach Belieben mit Salz und Pfeffer nachwürzen.

RINDERCONSOMMÉ

ZUTATEN FÜR 1,5 LITER

4 Eiweiß

1 Karotte, fein gewürfelt

40 g Knollensellerie, fein gewürfelt

40 g Lauch, fein gewürfelt

1 Lorbeerblatt

7 Wacholderbeeren, zerstoßen

1 Knoblauchzehe, zerdrückt

2 Zweige Petersilie

300 g Rinderwade, durch den Fleischwolf gedreht

2 l kalte Rinderbouillon (siehe Grundrezept)

100 g Eiswürfel

Salz

frisch gemahlener schwarzer Pfeffer

Das Eiweiß mit einem Schneebesen leicht schaumig schlagen und zusammen mit den Karotten-, Sellerie- und Lauchwürfel, den Kräutern und Gewürzen unter das gewolfte Fleisch ziehen. Die Masse gründlich vermengen.

Die kalte Rinderbouillon in einen Topf geben und die Fleischmasse kräftig einrühren. Die Eiswürfel dazugeben und auf mittlerer Hitze langsam erwärmen, dabei öfter mit einem Kochlöffel vorsichtig und langsam am Topfboden rühren, damit das Fleischeiweiß nicht am Topfboden anbrennt. Die Bouillon einmal aufkochen lassen und mit einer Kelle den Schaum von der Oberfläche abschöpfen.

Die Temperatur zurückdrehen und auf niedriger Hitze 10 Minuten sieden lassen. Bei Bedarf, erneut Schaum abschöpfen. Die Consommé durch ein Tuch oder Sieb passieren und mit Salz und Pfeffer abschmecken.

TIPP: Um zu verhindern, dass die Consommé trüb wird, darf während des Kochens nicht mehr umgerührt werden.

GEFLÜGELFOND

ZUTATEN FÜR CA. 1,5 LITER

1 Suppenhuhn (mindestens 1 kg)
2 Karotten
1 kleine Knolle Sellerie
1 Stange Lauch
1 mittelgroße Zwiebel
2 Knoblauchzehen
20 ml Olivenöl
100 ml Weißwein, trocken
8 schwarze Pfefferkörner
5 Wacholderbeeren
2 Lorbeerblätter, frisch
2 Zweige Thymian
1/2 Bund Blattpetersilie mit Stängel
2 Gewürznelken, ganz
5 Pimentkörner

Das Suppenhuhn in kaltem Wasser ca. 20 Minuten wässern. Anschließend in kochendem Wasser 2 Minuten blanchieren. Das Wasser abgießen.

Die Karotten, den Sellerie und den Lauch putzen und zusammen mit der Zwiebel und dem Knoblauch klein schneiden. Alles mit etwas Olivenöl in einem Topf farblos anschwitzen, mit dem Weißwein ablöschen und etwas einkochen lassen.

Das Suppenhuhn einlegen und mit kaltem Wasser aufgießen, bis das Huhn vollständig bedeckt ist. Wenn der Fond kocht, mit einem Schaumlöffel den Schaum abschöpfen. Anschließend die Kräuter und Gewürze zugeben und den Fond bei mittlerer Hitze 2 Stunden leicht köcheln lassen. Dabei regelmäßig das Fett und den Schaum mit einer Kelle von der Oberfläche abschöpfen.

Nach der Kochzeit das Suppenhuhn aus dem Topf nehmen und den Fond durch ein sauberes Tuch oder ein feines Sieb passieren.

TIPP: Das Suppenhuhnfleisch am besten noch lauwarm von den Knochen lösen, in Würfel schneiden und als Suppeneinlage oder für einen Geflügelsalat verwenden.

FISCHFOND

ZUTATEN FÜR CA. 2 LITER

1 kg Fischgräten oder Fischabschnitte von weißfleischigen Fischen
1 große Zwiebel
1/2 Stange Lauch
1/2 Stange Staudensellerie
1/4 Sellerieknolle
1/2 Fenchelknolle
1 große Karotte
20 ml Olivenöl
100 ml Weißwein, trocken
100 ml Noilly Prat (franz. Wermut)
20 ml Pernod (franz. Anisspirituose)
2 l kaltes Wasser
3 Eiweiß (ca. 80 g)
10 schwarze Pfefferkörner
10 Senfkörner
2 Lorbeerblätter, frisch
1/4 Bund Blattpetersilie mit Stängel
4 EL Zitronensaft
Salz

Die Fischgräten und -abschnitte ca. 10 Minuten in kaltem Wasser wässern. Anschließend das Wasser abgießen.

Die Zwiebel, den Lauch, den Sellerie, den Fenchel und die Karotte putzen, waschen und in kleine Würfel schneiden. Das Olivenöl in einem großen Topf erhitzen und das Gemüse darin glasig dünsten. Mit Weißwein, Noilly Prat und Pernod ablöschen und alles kurz einkochen lassen. Anschließend die Fischgräten und -abschnitte dazugeben und mit 2 l kalten Wasser aufgießen.

Die Eiweiß kurz mit einem Schneebesen leicht aufschlagen und zusammen mit den Pfefferkörnern, Senfkörnern, den Lorbeerblättern, der Petersilie und dem Zitronensaft in das noch kalte Wasser einrühren und gut vermengen. Den Fond einmal aufkochen und dann ca. 30 Minuten bei mittlerer Hitze ziehen lassen. Dabei mit einem Schaumlöffel das aufsteigende Eiweiß vorsichtig von der Oberfläche abschöpfen. Den Fond während des Kochens nicht mehr umrühren, sonst wird er trüb.

Wenn der Fond klar ist und kein Eiweiß mehr aufsteigt, den Fischfond durch ein sauberes Tuch oder ein sehr feines Sieb passieren.

TIPP: Verwenden Sie ausschließlich weiße Fischkarkassen. Fische mit rötlichem oder dunklem Fleisch, wie z. B. Lachs, enthalten sehr viel Fett, dadurch schmeckt der Fischfond tranig und wird nicht klar.

KALBSJUS

ZUTATEN FÜR 2 LITER

2,5 kg Kalbsknochen, gehackt, oder Fleischabschnitte
15 ml Olivenöl
2 Karotten, gewürfelt
1 kleine Knolle Sellerie, gewürfelt
2 mittelgroße Zwiebeln, gewürfelt
2 Knoblauchzehen, halbiert
2 EL Tomatenmark
2 Zweige Thymian
2 Zweige Rosmarin
100 ml Weißwein, trocken
100 ml Rotwein, trocken
100 ml roter Portwein
3 l Rinderbouillon (siehe Grundrezept)
5 schwarze Pfefferkörner
2 Lorbeerblätter, frisch
2 Gewürznelken, ganz
2 Wacholderbeeren, zerdrückt
Salz

Die gehackten Knochen in einem Topf oder Bräter in heißem Olivenöl portionsweise scharf anbraten. Die Karotten- und Selleriewürfel, die Zwiebeln sowie den Knoblauch zugeben und mit den Knochen braun anrösten.

Das Tomatenmark, Thymian und Rosmarin zufügen und kurz mitrösten. Nach und nach mit Weißwein, Rotwein und Portwein ablöschen und die Flüssigkeit fast vollständig einkochen. Mit der Rinderbouillon aufgießen und aufkochen. Mit einer Kelle den Schaum und das Fett von der Oberfläche abschöpfen. Die Gewürze zugeben und die Sauce bei mittlerer Hitze 2 Stunden leicht köcheln lassen.

Die Sauce durch ein feines Sieb in einen Topf passieren und erneut aufkochen. Mit Salz abschmecken und nach Wunsch mit etwas Mehlbutter abbinden oder mit einigen Butterflocken schaumig aufmontieren. Für einen kräftigeren Geschmack die Sauce im Topf noch etwas einkochen lassen.

TIPP: Saucenreste können portionsweise eingefroren und bei Bedarf aufgekocht werden. Anschließend mit den gewünschten Zutaten verfeinern.

LAMMJUS

ZUTATEN FÜR CA. 1 LITER

600 g Lammknochen oder Fleischabschnitte
40 ml Olivenöl
1 große Karotte, gewürfelt
1 kleiner Knollensellerie gewürfelt
2 Zwiebeln, gewürfelt
2 Knoblauchzehen, halbiert
2 EL Tomatenmark
2 Zweige Thymian
2 Zweige Rosmarin
100 ml Weißwein, trocken
100 ml Rotwein, trocken
2,5 l Rinderbouillon
1/2 Bund Blattpetersilie
10 schwarze Pfefferkörner
2 Lorbeerblätter, frisch
2 Wacholderbeeren, zerdrückt
Salz
frisch gemahlener schwarzer Pfeffer

Die gehackten Lammknochen in einem Topf oder Bräter in heißem Olivenöl scharf anbraten. Karotte, Sellerie, Zwiebeln und Knoblauch zugeben und braun anrösten.

Das Tomatenmark, Thymian und Rosmarin zufügen und kurz mitrösten. Nach und nach mit dem Weißwein und Rotwein ablöschen und fast vollständig einkochen. Mit der Rinderbouillon aufgießen und aufkochen. Mit einer Schaumkelle den Schaum und das Fett von der Oberfläche abschöpfen. Die Petersilie, Pfefferkörner, Lorbeerblätter und Wacholderbeeren zugeben und die Sauce bei mittlerer Hitze 2 Stunden leicht köcheln lassen.

Die Sauce durch ein feines Sieb in einen Topf passieren und erneut aufkochen lassen. Für einen kräftigeren Geschmack, die Sauce im Topf noch etwas einkochen lassen. Nach Belieben mit Salz und Pfeffer abschmecken.

TIPP: Saucenreste können portionsweise eingefroren und bei Bedarf aufgekocht werden. Anschließend mit den gewünschten Zutaten verfeinern.

ENTENJUS

ZUTATEN FÜR 2 LITER

4,5 kg Entenkarkassen
50 g Entenfett (ersatzweise Rapsöl)
1 Karotte, gewürfelt
1/8 Knollensellerie, gewürfelt
150 g rote Zwiebeln, gewürfelt
1 Apfel (Boskop), mit Schale und gewürfelt
1 Knoblauchzehe, zerdrückt
50 g Tomatenmark
2 Zweige Thymian
3 Zweige Majoran
100 ml Orangensaft, frisch gepresst
180 ml Rotwein, trocken
3 l Rinderbouillon
3 Lorbeerblätter, frisch
2 Gewürznelken
5 weiße Pfefferkörner
Salz
frisch gemahlener schwarzer Pfeffer

Die Entenkarkassen klein hacken und in einem Bräter in heißem Entenfett portionsweise scharf anbraten. Die Karotte, den Sellerie, die Zwiebel, den Apfel und den Knoblauch dazugeben und braun anrösten.

Das Tomatenmark, Thymian und Majoran zufügen und kurz mitrösten. Nach und nach mit dem Orangesaft und dem Rotwein ablöschen und fast ganz einkochen lassen. Mit der Rinderbouillon aufgießen und aufkochen. Mit einer Kelle den Schaum und das Fett von der Oberfläche abschöpfen. Lorbeerblätter, Nelken und Pfefferkörner zugeben und die Sauce bei mittlerer Hitze 2 Stunden leicht kochen lassen.

Die Sauce durch ein feines Sieb passieren und erneut aufkochen lassen. Nach Belieben mit Salz und Pfeffer abschmecken. Für einen kräftigeren Geschmack, die Sauce im Topf noch etwas einkochen lassen.

TIPP: Saucenreste können portionsweise eingefroren und bei Bedarf aufgekocht werden. Anschließend mit den gewünschten Zutaten verfeinern.

GEFLÜGELJUS

ZUTATEN FÜR 2 L

4,5 kg Geflügelkarkassen
50 g Entenfett (ersatzweise Rapsöl)
150 g rote Zwiebeln, gewürfelt
1 Karotte, gewürfelt
1/8 Sellerie, gewürfelt
1 Apfel (Boskop), gewürfelt
1 Knoblauchzehe, zerdrückt
50 g Tomatenmark
3 Zweige Majoran
2 Zweige Thymian
100 ml Orangensaft
180 ml Rotwein
3 l Rinderbouillon (siehe Grundrezept)
2 Gewürznelken
5 weiße Pfefferkörner
3 Lorbeerblätter
Salz

Die Geflügelkarkassen klein hacken und in einem Bräter in heißem Entenfett scharf anbraten.

Die Zwiebel, Karotten-, Sellerie-, Apfelwürfel und den Knoblauch dazugeben und braun anrösten. Das Tomatenmark und die Kräuter kurz mitrösten, mit dem Orangensaft und dem Rotwein mehrmals ablöschen und fast vollständig einkochen lassen. Mit der Rinderbouillon aufgießen und aufkochen. Mit einer Schöpfkelle den Schaum und das Fett von der Oberfläche abschöpfen, die Nelken, Pfefferkörner und Lorbeerblätter zugeben und die Sauce bei mittlerer Hitze 2 Stunden leicht kochen lassen.

Die Sauce durch ein feines Sieb passieren und erneut aufkochen lassen. Mit Salz und Pfeffer abschmecken. Für einen kräftigeren Geschmack und sämigere Konsistenz die Sauce noch weiter einkochen.

TIPP: Saucenreste portionsweise einfrieren und für den jeweiligen Gebrauch nur aufkochen.

DUNKELBIERSAUCE

ZUTATEN FÜR 2 LITER

1,5 kg Schweineknochen, gehackt, ersatzweise oder dazu Fleischabschnitte
1 kg Rinderknochen, gehackt
15 ml Olivenöl
2 Karotten, gewürfelt
1 kleine Knolle Sellerie, gewürfelt
2 mittelgroße Zwiebeln, gewürfelt
3 Knoblauchzehen, halbiert
2 EL Tomatenmark
2 Zweige Thymian
2 Zweige Rosmarin
100 ml Weißwein, trocken
100 ml Rotwein, trocken
100 ml Malzbier
3 Liter Rinderbouillon (siehe Grundrezept)
5 schwarze Pfefferkörner
2 Lorbeerblätter, frisch
2 Gewürznelken, ganz
2 Wacholderbeeren, zerdrückt
1 TL Kümmelsamen
100 ml Dunkelbier
Salz
frisch gemahlener schwarzer Pfeffer

Die gehackten Knochen in einem Topf oder Bräter in heißem Olivenöl portionsweise scharf anbraten. Die Karotten-, Sellerie- und Zwiebelwürfel sowie die Knoblauchzehen dazugeben und braun anrösten.

Tomatenmark, Rosmarin und Thymian zufügen und kurz mitrösten. Nach und nach mit dem Weiß- und dem Rotwein sowie dem Malzbier ablöschen und fast vollständig einkochen. Mit der Rinderbouillon aufgießen und aufkochen lassen. Mit einer Kelle den Schaum von der Oberfläche abschöpfen.

Die Pfefferkörner, Lorbeerblätter, Gewürznelken, Wacholderbeeren und Kümmelsamen zugeben und die Sauce bei mittlerer Hitze 2 Stunden leicht kochen lassen.

Die Sauce durch ein feines Sieb in einen Topf passieren und erneut aufkochen lassen. Das Dunkelbier dazugeben und nach Belieben mit Salz und Pfeffer abschmecken.
Für einen kräftigeren Geschmack die Sauce im Topf noch etwas einkochen lassen.

TIPP: Saucenreste können portionsweise eingefroren und bei Bedarf aufgekocht werden. Anschließend mit den gewünschten Zutaten verfeinern.

WEISSWEINSAUCE FÜR FISCHGERICHTE

ZUTATEN FÜR CA. 0,6 LITER

90 g Butter
3 Schalotten, fein gewürfelt
90 ml Noilly Prat (franz. Wermut)
30 ml Pernod (franz. Anisspirituose)
250 ml Weißwein, trocken
650 ml Fischfond (siehe Grundrezept)
1 Lorbeerblatt, frisch
250 ml Sahne, flüssig
1 EL Mehlbutter (siehe Grundrezept)
Saft von 1/2 Bio-Zitrone
Salz
frisch gemahlener schwarzer Pfeffer

Die Butter in einem kleinen Topf erhitzen und die Schalottenwürfel darin farblos anschwitzen. Mit dem Noilly Prat und dem Pernod ablöschen und fast vollständig einkochen. Mit dem Weißwein und dem Fischfond aufgießen, das Lorbeerblatt dazugeben und alles um etwa 1/3 einreduzieren.

Den Fond durch ein Sieb in einen kleinen Topf passieren und nochmals erhitzen. Die Sahne zufügen und die Sauce mit der Mehlbutter unter ständigem Rühren abbinden. Den Zitronensaft einrühren und mit Salz und Pfeffer abschmecken.

BÉCHAMELSAUCE

ZUTATEN FÜR 1 LITER

100 g Butter
2 Schalotten, fein gewürfelt
40 g Weizenmehl Type 405
300 ml Rinderbouillon, kalt (siehe Grundrezept)
1 Lorbeerblatt, frisch
600 ml Milch, kalt
Salz
frisch gemahlener weißer Pfeffer
Muskatnuss, gerieben

Die Butter in einem kleinen Topf zergehen lassen und die Schalottenwürfel darin glasig anschwitzen. Die Schalotten mit dem gesiebten Mehl bestäuben und mit einem Schneebesen kräftig umrühren, bis das Mehl beginnt, leicht Farbe anzunehmen.

Mit der Rinderbouillon aufgießen und das Lorbeerblatt zugeben. Alles unter ständigem Rühren aufkochen lassen. Wenn die Flüssigkeit beginnt einzudicken, die Milch unterrühren und unter ständigem Rühren ca. 10 Minuten leicht köcheln lassen. Die Sauce mit Salz, Pfeffer und Muskatnuss abschmecken und durch ein feines Sieb passieren.

RÖSTSCHALOTTEN

200 g Schalotten
250 ml Rapsöl
3 EL Weizenmehl Type 405
1 EL Paprikapulver edelsüß
Salz
frisch gemahlener schwarzer Pfeffer

Die Schalotten schälen und in dünne Ringe schneiden. Das Öl in einem Topf auf ca. 160 °C erhitzen. In einer Schüssel Mehl und Paprikapulver vermischen und darin die Schalottenringe wenden, bis sie rundum bedeckt sind.

Die Schalottenringe in kleinen Mengen im heißen Fett goldgelb frittieren. Dabei die Schalotten nicht zu dunkel braten, da sie sonst bitter werden. Auf Küchenpapier abtropfen lassen und mit Salz und Pfeffer würzen.

TIPP: Die Röstschalotten können natürlich auch in einer Friteuse zubereitet werden. Das Öl muss jedoch anschließend gereinigt oder erneuert werden, da sich Gargut am Boden absetzt.

ROTWEINSCHALOTTEN

ROTWEINSCHALOTTEN
12 Schalotten
3 EL Puderzucker
200 ml Rotwein (Weinempfehlung siehe Produzentenverzeichnis)
200 ml roter Portwein
100 ml Sherry
1 Zweig Thymian
1 Zweig Rosmarin
Salz
frisch gemahlener schwarzer Pfeffer

Die Schalotten schälen. Den Strunk nicht abschneiden und der Länge nach halbieren.

In einem kleinen Topf den Puderzucker karamellisieren. Die Schalottenhälften zugeben und kurz in dem Zucker ziehen lassen. Mit Rotwein, Portwein und dem Sherry ablöschen und die Kräuter zufügen. Bei mittlerer Hitze köcheln lassen, bis die Schalotten weich sind und der Fond leicht dickflüssig ist. Mit etwas Salz und Pfeffer würzen.

RAHMSAUERKRAUT

700 g frisches Fass-Sauerkraut
50 g Butter
1/2 Zwiebel, fein gewürfelt
120 ml lieblicher Weißwein (Weinempfehlung siehe Produzentenverzeichnis)
250 ml Sahne
Lorbeerblatt, frisch
2 Wacholderbeeren, ganz
5 Pfefferkörner, ganz
2 EL Zucker
Salz, frisch gemahlener weißer Pfeffer
1/2 mehlige Kartoffel, fein gerieben

Das Sauerkraut in kochendem Wasser etwa 3 Minuten blanchieren. Die Butter in einem Topf erhitzen, und darin die Zwiebelwürfel glasig anschwitzen. Mit dem Weißwein ablöschen, die Sahne einrühren und das Sauerkraut zugeben. Lorbeerblatt, Wacholderbeeren und Pfefferkörner zugeben und das Kraut bei niedriger Hitze weich kochen. Mit Zucker, Salz und Pfeffer abschmecken.

Die geriebene Kartoffel gut ausdrücken und unter das Sauerkraut ziehen, um es abzubinden. Nach Belieben nochmals mit Salz und Pfeffer abschmecken.

KARTOFFELPÜREE

ZUTATEN FÜR 4 PERSONEN

600 g mehlig kochende Kartoffeln (geeignete Sorten: Irmgard, Adretta, Karat)
ca. 200 ml Milch
50 g feine Butterwürfel
Salz
Muskatnuss, frisch gerieben
1 EL geschlagene Sahne

Die Kartoffeln schälen, vierteln und in Salzwasser weich kochen. Anschließend das Wasser abgießen und die Kartoffeln durch eine Kartoffelpresse drücken. Die heiße Milch nach und nach vorsichtig mit einem Schneebesen unter die Masse heben. Mit Salz und Muskatnuss abschmecken und die Butterwürfel unterheben.

Kurz vor dem Servieren die geschlagene Sahne unter das Kartoffelpüree ziehen.

Es geht um die Wurst

Die Lebensmittelindustrie hat sich einiges einfallen lassen, um bei der Herstellung von Lebensmitteln Kosten zu sparen: Analogkäse, Lachsersatz, Pressfleisch, Gelschinken – viele Produkte, vor allem Fleisch und Wurst, werden durch künstliche Imitate ersetzt oder mit künstlichen Aromastoffen aufgepeppt. Schon lange fragt sich der Verbraucher, ob das noch gesund sein kann.

Von künstlichem Ersatzschinken will man bei der *Metzgerei Max* in Hof nichts wissen. An erster Stelle steht natürlich die Fleischqualität. Nur das Fleisch von Tieren aus der Region wird hier zu feinen Spezialitäten wie der Hofer Rindfleischwurst oder dem weißgereiften Edelschinken verarbeitet.

Eine Wurst zu machen, erfordert handwerkliches Geschick. Der Darm, sei es ein Schafsaitling oder ein Kunstdarm, ist empfindlich und darf nicht zu fest gefüllt werden. Gleich große Würste abzudrehen, ohne dass der Darm platzt, klappt nur mit einiger Übung.

Doch die größte Kunst ist gefordert, wenn es um den Geschmack geht. Viele schummeln auch in diesem Bereich. Nicht nur für die Haushaltsküche gibt es Mischungen à la »Schweinebratengewürz«, »Gyros« oder »Italienische Kräuter«, auch Gastronomen, Bäcker und Metzger greifen auf Fertigprodukte zurück. Doch in die Wurst der *Metzgerei Max* kommen Qualitätsgewürze in Reinform, die von Hand selbst gemischt werden. Angefangen beim Salz. Verwendet wird Meersalz, das gibt ein feineres, milderes Aroma als herkömmliches Salz aus der Saline. Die Zeit für das Abwiegen, Mischen und Ausprobieren nimmt man sich, denn so können die einzelnen Nuancen der Gewürze bewusst abgestimmt werden.

Das schmecken Profis wie Andreas Schinharl und jeder Wurstliebhaber aus dem Einheitsbrei, besser gesagt aus der Einheitswurst, heraus. Für Feinkost Käfer produziert der Betrieb unter anderem auch die Wies'n-Leberwurst, selbstverständlich mit eigener Würze. Die genaue Zusammensetzung – das versteht sich – bleibt jedoch Firmengeheimnis.

Nicht nur bei den Gewürzen zeigt die Metzgerei sich experimentierfreudig. Eine Spezialität des Hauses ist der weißgereifte Edelschinken. Der Schinken wird mit gesundheitlich unbedenklichen Schimmelkulturen, die auch für die Herstellung von Camembert verwendet werden, veredelt. Obwohl Schimmel und Schinken im ersten Moment nicht zusammenpassen, ergänzen sie sich in dieser Kombination optisch und geschmacklich hervorragend. Wurst ist nicht gleich Wurst – es lohnt sich also, bei der Wurst einmal genauer hinzuschmecken.

MARINIERTE GÄNSELEBER

500 g rohe Gänseleber
100 ml roter Portwein
100 ml Madeira
100 ml Cognac
10 g Salz
10 g Pökelsalz
1/2 TL frisch gemahlener weißer Pfeffer
1/2 TL Pastetengewürz (Gewürzmischung unter anderem aus Wacholderbeeren, Pfeffer, Muskat, Gewürznelken, Zimt, Koriander, Lorbeer, Kardamom, erhältlich im Gewürzfachhandel)

Die Gänseleber enthäuten, halbieren und mit einem spitzen Messer von den Äderchen befreien. Portwein, Madeira und Cognac in einem kleinen Topf auf etwa die Hälfte einkochen.

Die Leber in etwa 2 cm große Würfel schneiden und mit dem eingekochten Alkohol, Salz, Pökelsalz, weißem Pfeffer und Pastetengewürz gut vermengen. Zugedeckt an einem kühlen Ort 24 Stunden marinieren.

Eine Terrinenform mit Klarsichtfolie auslegen und die Lebermischung in die Form geben. Über einem Wasserbad bei maximal 50 °C ca. 40 Minuten pochieren. Anschließend weitere 24 Stunden kühl stellen.

KALBSFARCE (KALBSBRÄT)

1 kg sehnenfreies Kalbfleisch (vorzugsweise von der Schulter)
700 ml kalte Sahne
25 ml Cognac
25 ml weißer Portwein
20 g Salz
frisch gemahlener weißer Pfeffer
Muskatnuss, gerieben

Das Kalbfleisch in kleine Stücke schneiden und sehr fein durch einen Fleischwolf drehen. Auf einem flachen Teller im Tiefkühlfach anfrieren lassen.

Danach das Fleisch in einem Kutter oder in einer Küchenmaschine zerkleinern und zunächst die Hälfte der Sahne dazugeben. Die Sahne sollte kalt sein, da sie sonst gerinnt.

Dann nach und nach Cognac, Portwein, Salz, Pfeffer und Muskatnuss dazugeben. Alles bei höchster Stufe zu einer feinen Masse vermengen. Die restliche Sahne nach Belieben langsam zugeben. Je nach Verwendungszweck kann die Festigkeit der Farce durch die Menge der zugegeben Sahne variiert werden.

TIPP: Wenn Sie keinen Kutter haben, können kleinere Mengen der Farce auch in der Küchenmaschine zubereitet werden. Sie können jedoch die Fleischmenge nicht auf einmal verarbeiten.

BALSAMICODRESSING

ZUTATEN FÜR CA. 0,75 LITER DRESSING

250 ml Rinderconsommé (siehe Grundrezept S. 247)
1/2 EL Dijonsenf
1 Spritzer Tabasco
65 ml Balsamicoessig
65 ml Balsam-Apfelessig
12 g Zucker
25 ml Haselnussöl
200 ml Olivenöl
250 ml Maiskeimöl
1 Zweig Rosmarin
5 Blatt Basilikum
2 Zweige Thymian
1/2 Knoblauchzehe
Salz
frisch gemahlener schwarzer Pfeffer

Die Consommé in einem kleinen Topf bis auf 100 ml einkochen lassen. Den Senf, Tabasco, Balsamicoessig und Apfelessig zugeben. Den Zucker und das Haselnuss-, Oliven- und Maiskeimöl mit einem Schneebesen kräftig einrühren. Die gewaschenen Kräuter im Ganzen dazugeben.

Das Dressing über Nacht im Kühlschrank ziehen lassen. Anschließend auf dem Herd leicht erwärmen, damit das Dressing wieder flüssiger wird. Die Kräuter absieben. Nach Belieben mit Salz und Pfeffer abschmecken.

PETERSILIENÖL

250 g Bio-Blattpetersilie, gezupft
200 ml sardisches Olivenöl

Die Petersilie und das Olivenöl mit einem Pürierstab kräftig mixen. Das Öl 1 Stunde ziehen lassen und anschließend durch ein feines Sieb passieren.

GETROCKNETE TOMATEN

ZUTATEN FÜR 16 TOMATENFILETS

4 große Fleischtomaten
Salz
frisch gemahlener schwarzer Pfeffer
1 TL Puderzucker
100 ml Olivenöl
2 Knoblauchzehen
2 Zweige Thymian
2 Zweige Rosmarin
16 Blatt Basilikum

Den Strunk der Tomaten kreisförmig herausschneiden und die Unterseite einritzen. Ca. 30 Sekunden in kochendem Wasser blanchieren, dann in kaltem Wasser abschrecken. Die Tomaten häuten, vierteln, das Kerngehäuse herausschneiden und trockentupfen.

Die Tomatenfilets auf ein Backblech oder in eine Kasserolle legen und mit Salz, Pfeffer und Puderzucker würzen. Mit etwas Olivenöl einpinseln. Die Knoblauchzehen in dünne Scheiben schneiden und auf die Tomaten legen. Den Thymian, den Rosmarin und das Basilikum klein zupfen und auf die Tomatenviertel verteilen. Im vorgeheizten Ofen bei 100 °C ca. 2 Stunden trocknen.

TIPP: Die Tomatenfilets können mit dem restlichen Olivenöl in einem fest verschlossenen Behälter ca. 5 bis 6 Tage aufbewahrt werden.

ZITRONENSENF

200 g gelbes Senfmehl
50 g Senfkörner, leicht zerstoßen
50 g Zucker
50 g Honig
25 g Salz
200 ml Mineralwasser
150 ml Weinessig
Abrieb und Saft von 1 Bio-Zitrone
frisch gemahlener schwarzer Pfeffer

Das Senfmehl, Senfkörner, Zucker, Honig und Salz miteinander vermischen. Wasser und Weinessig aufkochen und vorsichtig unter die Senfmischung rühren. Das Ganze im Kühlschrank ca. 1 Stunde auskühlen lassen.

Den Zitronenabrieb und den Zitronensaft einrühren und mit Pfeffer abschmecken.

Den Senf noch 2 Wochen im Kühlschrank ziehen lassen, damit er seinen Geschmack voll entfalten kann.

TIPP: Verwenden Sie unbedingt hochwertigen Weinessig bei der Zubereitung, um einen feinen Säuregeschmack zu erhalten. Einen sehr guten Essigproduzenten finden Sie im Produzentenverzeichnis des Buches.

STEINPILZSENF

200 g gelbes Senfmehl
50 g Senfkörner, leicht zerstoßen
50 g Zucker
50 g Honig
25 g Salz
200 ml Mineralwasser
150 ml Weinessig
25 g Steinpilze, getrocknet
100 g Seinpilze, frisch
3 EL Olivenöl
frisch gemahlener schwarzer Pfeffer

Das Senfmehl, Senfkörner, Zucker, Honig und Salz miteinander vermischen. Das Wasser mit dem Weinessig, den getrockneten und gemahlenen Steinpilzen aufkochen und vorsichtig unter die Senfmischung rühren.

Die frischen Steinpilze in ca.0,5 x 0,5 cm große Würfel schneiden und in heißem Olivenöl anbraten und anschließend in die Senf-Pilz-Masse geben. Mit Pfeffer würzen.

Den Senf 2 Wochen im Kühlschrank ziehen lassen, damit er seinen Geschmack voll entfalten kann.

TIPP: Verwenden Sie unbedingt hochwertigen Weinessig bei der Zubereitung, um einen feinen Säuregeschmack zu erhalten. Einen sehr guten Essigproduzenten finden Sie im Produzentenverzeichnis des Buches.

DILLSENF

200 g gelbes Senfmehl
50 g Senfkörner, leicht zerstoßen
50 g Zucker
50 g Honig
25 g Salz
100 g Dill, frisch
150 ml Weinessig
200 ml Mineralwasser
frisch gemahlener schwarzer Pfeffer

Das Senfmehl, Senfkörner, Zucker, Honig und Salz miteinander vermischen. Die Blätter von den Dillstängeln zupfen und die Stängel mit dem Wasser und dem Weinessig aufkochen. Alles durch ein Sieb passieren und vorsichtig unter die Senfmischung rühren. Den Senf im Kühlschrank ca. 1 Stunde auskühlen lassen.

Die Dillblätter fein hacken und unter die kalte Senfmasse rühren. Mit Pfeffer abschmecken.

Den Senf noch 2 Wochen im Kühlschrank ziehen lassen, damit er seinen Geschmack voll entfalten kann.

TIPP: Verwenden Sie unbedingt hochwertigen Weinessig bei der Zubereitung, um einen feinen Säuregeschmack zu erhalten. Einen sehr guten Essigproduzenten finden Sie im Produzentenverzeichnis des Buches.

KNOBLAUCHSENF

200 g gelbes Senfmehl
50 g Senfkörner, leicht zerstoßen
50 g Zucker
50 g Honig
25 g Salz
200 ml Mineralwasser
150 ml Weinessig
2 Knoblauchzehen, geschält und in kleine Würfel gehackt
3 EL Olivenöl
frisch gemahlener schwarzer Pfeffer
Saft von 1/2 Bio-Zitrone

Das Senfmehl, Senfkörner, Zucker, Honig und Salz miteinander vermischen. Das Wasser mit dem Weinessig aufkochen und vorsichtig unter die Senfmischung rühren. Das Olivenöl erhitzen und darin den gehackten Knoblauch langsam anschwitzen und anschließend unter die Senfmasse mischen. Mit Pfeffer und Zitronensaft abschmecken.

Den Senf noch 2 Wochen im Kühlschrank ziehen lassen, damit er seinen Geschmack voll entfalten kann.

TIPP: Verwenden Sie unbedingt hochwertigen Weinessig bei der Zubereitung, um einen feinen Säuregeschmack zu erhalten. Einen sehr guten Essigproduzenten finden Sie im Produzentenverzeichnis des Buches.

BASILIKUMSENF

200 g gelbes Senfmehl
50 g Senfkörner, leicht zerstoßen
50 g Zucker
50 g Honig
25 g Salz
100 g Basilikum, frisch
200 ml Mineralwasser
150 ml Weinessig
frisch gemahlener schwarzer Pfeffer

Das Senfmehl, Senfkörner, Zucker, Honig und Salz miteinander vermischen. Die Basilikumblätter von den Stängeln zupfen. Die Stängel mit dem Wasser, dem Weinessig aufkochen, durch ein Sieb passieren und vorsichtig unter die Senfmischung rühren. Den Senf im Kühlschrank ca. 1 Stunde auskühlen lassen.

Die Basilikumblätter in feine Streifen schneiden und unter die Senfmasse mischen. Mit Pfeffer abschmecken.

Den Senf noch 2 Wochen im Kühlschrank ziehen lassen, damit er seinen Geschmack voll entfalten kann.

TIPP: Verwenden Sie unbedingt hochwertigen Weinessig bei der Zubereitung, um einen feinen Säuregeschmack zu erhalten. Einen sehr guten Essigproduzenten finden Sie im Produzentenverzeichnis des Buches.

CHILISENF

200 g gelbes Senfmehl
50 g Senfkörner, leicht zerstoßen
50 g Zucker
50 g Honig
25 g Salz
200 ml Mineralwasser
150 ml Weinessig
2 rote Chilischoten (scharf), entkernt
3 EL Olivenöl
1 Zweig Koriander
frisch gemahlener schwarzer Pfeffer

Das Senfmehl, Senfkörner, Zucker, Honig und Salz miteinander vermischen. Das Wasser mit dem Weinessig aufkochen und vorsichtig unter die Senfmischung rühren. Die Chilischoten in feine Würfel hacken und in einer Pfanne in Olivenöl anschwitzen und anschließend unter die Senfmasse mischen. Den Senf ca. 1 Stunde im Kühlschrank auskühlen lassen.

Den Koriander fein hacken und in die kalte Senfmasse rühren, mit Pfeffer abschmecken.

Den Senf 2 Wochen im Kühlschrank ziehen lassen, damit er seinen Geschmack voll entfalten kann.

TIPP: Verwenden Sie unbedingt hochwertigen Weinessig bei der Zubereitung, um einen feinen Säuregeschmack zu erhalten. Einen sehr guten Essigproduzenten finden Sie im Produzentenverzeichnis des Buches.

ESTRAGONSENF

200 g gelbes Senfmehl
50 g Senfkörner, leicht zerstoßen
50 g Zucker
50 g Honig
25 g Salz
100 g Estragon, frisch
200 ml Mineralwasser
150 ml Estragonessig
frisch gemahlener schwarzer Pfeffer

Das Senfmehl, Senfkörner, Zucker, Honig und Salz miteinander vermischen. Die Estragonblätter von den Stängeln zupfen. Die Stängel mit dem Wasser und dem Estragonessig aufkochen, durch ein Sieb passieren und vorsichtig unter die Senfmischung rühren. Den Senf im Kühlschrank ca. 1 Stunde auskühlen lassen.

Die Estragonblätter fein hacken und unter die kalte Senfmasse rühren. Mit Pfeffer abschmecken.

Den Senf noch 2 Wochen im Kühlschrank ziehen lassen, damit er seinen Geschmack voll entfalten kann.

TIPP: Verwenden Sie unbedingt hochwertigen Essig bei der Zubereitung, um einen feinen Säuregeschmack zu erhalten. Einen sehr guten Essigproduzenten finden Sie im Produzentenverzeichnis des Buches.

KRÄUTERBUTTER

250 g Sauerrahmbutter
1 Bund Blattpetersilie, gehackt
1 EL Estragon, geschnitten
1 EL Kerbel, gehackt
1 EL Basilikum, geschnitten
1 EL Schnittlauchröllchen
Abrieb und Saft von 1 Bio-Zitrone
1 Spritzer Worcestershiresauce
1 Spritzer Tabasco
Salz
frisch gemahlener schwarzer Pfeffer

Die Butter bei Raumtemperatur weich werden lassen und mit einem Rührgerät schaumig schlagen. Je länger sie geschlagen wird, desto cremiger wird ihre Konsistenz.

Dann Petersilie, Estragon, Kerbel, Basilikum und Schnittlauch zugeben und mit dem Zitronensaft, der Worcestershiresauce, Tabasco und Salz verfeinern. Alles gut vermengen. Die Butter zu einer Rolle formen und im Kühlschrank kalt stellen.

TIPP: Kräuterbutter kann man hervorragend auf Vorrat zubereiten und einfrieren.

MEHLBUTTER

ZUTATEN FÜR 200 GRAMM
100 g bayrische Butter
100 g Weizenmehl Type 405

Die Butter in einer Schüssel bei Zimmertemperatur weich werden lassen. Das Mehl über die Butter sieben und gut verkneten. Die Masse in kleine Stücke portionieren oder zu einer Rolle drehen und in Klarsichtfolie gewickelt im Kühlschrank fest werden lassen. Bei Gebrauch ein Stück abschneiden. Mehlbutter kann auch problemlos auf Vorrat eingefroren werden.

Beim Eindicken von Saucen oder Suppen ist es wichtig, nach Zugabe der Mehlbutter, die Flüssigkeit noch ca. 1 bis 2 Minuten weiterkochen zu lassen, um den Mehlgeschmack auszukochen.

GEKLÄRTE BUTTER

ZUTATEN FÜR 0,3 LITER GEKLÄRTE BUTTER

500 g Bayrische Bauernbutter

Die Butter in einem kleinen Topf langsam erhitzen, bis das Milcheiweiß sich auf dem Topfboden absetzt. Nach etwa 40 Minuten die fast klare Butter durch ein feines Tuch oder Küchenpapier passieren, um das Eiweiß abzufangen.

TIPP: Geklärte Butter eignet sich hervorragend zum Ausbacken von Paniertem und für Mehlspeisen und kann in kleinen Mengen in gut verschlossenen Behältern auf Vorrat eingefroren werden.

PREISELBEEREN

ZUTATEN FÜR 4 PERSONEN

200 g frische Preiselbeeren
100 g feiner Zucker
Abrieb von 1/2 Bio-Orange und -Zitrone
10 ml roter Portwein
10 ml Cognac

Die Preiselbeeren putzen und gut waschen. Die Beeren trocknen und mit den restlichen Zutaten vermischen. Die Schüssel an einen warmen Ort stellen und immer wieder umrühren, bis sich der Kristallzucker aufgelöst hat.

VANILLESAUCE

ZUTATEN FÜR 4 PERSONEN

100 g Zucker
6 Eigelbe
1 Vanilleschote
250 ml Milch

Den Zucker mit den Eigelb schaumig schlagen. Die Vanilleschote halbieren, das Mark auskratzen und alles mit der Milch aufkochen. Die Vanilleschote entfernen und die heiße Milch auf die Zucker-Eigelb-Masse gießen und unterrühren. Das Ganze in einem Topf auf 80 °C erhitzen und anschließend durch ein feines Sieb passieren. Die Sauce vor dem Servieren etwas abkühlen lassen.

SESAMHIPPEN

25 g flüssiger Honig
30 g halbflüssige Butter
50 g Puderzucker, gesiebt
25 g Weizenmehl Type 405
10 g schwarze Sesamsamen

Den Honig, die Butter, den Puderzucker und das Mehl zu einem Teig verrühren und 1 Stunde ruhen lassen. Kleine, runde Stränge aus dem Teig formen, auf Backpapier legen und im Ofen bei 180 °C Unter-Ober-Hitze schmelzen lassen. Aus dem Ofen nehmen und auf dem Blech abkühlen lassen.

Dann den Teig ein zweites Mal goldgelb backen, aus dem Ofen nehmen und mit einem Messer in Rechtecke oder eine andere gewünschte Form schneiden.

Die Hippen über eine Rolle legen, leicht biegen und auf der Rolle vollständig auskühlen lassen. Dann vorsichtig abnehmen.

TIPP: Zum Formen muss der Sesamteig noch warm sein. Ist der Teig abgekühlt, behält er die Form. Er kann jedoch nochmals erwärmt und dann geformt werden.

Register

GRUNDREZEPTE 244

Die Rezepte sind für 4 Personen berechnet, falls nicht anders angegeben.

Dank

Andreas Schinharl dankt Michael Käfer, der mit seiner Begeisterung für die Wies'n und für hochwertige Lebensmittel die natürliche bayrische Küche fördert.

Ein besonderes Dankeschön an Susanne Geimann, Alain Ullmann, Falco Jauch, Markus Maier, Thomas Wowrzyk und Stefan Berger sowie an die gesamte Käfer-Küchenbrigade für ihre tatkräftige Hilfe.

Herzlicher Dank geht an die Verlegerin Frau Anja Heyne und den Verlagsleiter Jürgen Welte, sowie an Alexander Stauch und das Lektorat der Collection Rolf Heyne, Sonya Mayer und Marion Höß, die dieses Buch gemeinsam mit Luzia Ellert und Rainer Herrmann erst möglich gemacht haben.

Produzentenverzeichnis

FEINKOST KÄFER GMBH
Prinzregentenstraße 73
81675 München
Tel.: 089 / 41 68 557
www.feinkost-kaefer.de

PAULANER BRAUEREI GMBH & CO KG
Hochstraße 75
81541 München
Tel.: 089 / 48 005 0
Fax: 089 / 48 005 409
E-Mail: info@paulaner.de
www.paulaner.de

TÖLZER KASLADEN GMBH
Königsdorfer Str. 22 g
83646 Bad Tölz
Tel.: 08041 / 94 27
Fax: 08041 / 46 58
E-Mail: info@toelzer-kasladen.de
www.toelzer-kasladen.de
oder
Viktualienmarkt Abteilung 1 Stand 4
80331 München
Tel.: 089 / 22 63 22

DER LANGERBAUERNHOF J. UND A. ORTERER
Berg 4
83676 Jachenau
Tel.: 080 / 43 73
Fax: 080 / 43 218
E-Mail: kontakt@langerbauer.com
www.langerbauer.com

LANDKÄSEREI HERZOG
Stoffenrieder Straße 1
89297 Roggenburg / Schießen
Tel.: 07300 / 219
www.landkaeserei-herzog.de
(Empfehlung für den Frischkäse, Rottaler Kartoffelkäs)

LEITZACHTALER ZIEGENHOF
Werner Haase
83730 Fischbachau
Tel.: 08028 / 20 64
E-Mail: haase.ziegenhof@gmx.de
(Bezugsquelle für den Leitzachtaler Ziegenkäse)

FÜRSTLICH CASTELL'SCHES DOMÄNENAMT
Schlossplatz 5
97355 Castell
Tel.: 09325 / 601 60
Fax: 09325 / 601 88
E-Mail: weingut@castell.de
www.castell.de
(Empfehlung für die fränkische Rotweinsauce zum Donauzander und für die Juskartoffeln zum Lammrücken: Castell-Castell 1224)

WEINGUT MEYER-NÄKEL
Friedenstraße 15
53507 Dernau
Tel.: 02643 / 16 28
E-Mail: weingut@meyer-naekel.de
www.meyer-naekel.de
(Empfehlung für die Rotweinschalotten und die Sauce zur Kalbsleber und zur Ochsenschwanzpraline: Burgunder)

WEINGUT ROBERT WEIL

Mühlberg 5

65339 Kiedrich / Rheingau

Tel.: 06123 / 23 08

E-Mail: info@weingut-robert-weil.com

www.weingut-robert-weil.com

(Empfehlung für das Rahmsauerkraut: Beerenauslese vom Weingut Robert Weil)

WEINESSIGGUT DOKTORENHOF GMBH

Raiffeisenstraße 5

67482 Venningen

Tel.: 06323 / 55 05

E-Mail: doktorenhof@t-online.de

www.doktorenhof.de

(sehr gute Essigsorten für die Senfrezepte)

GÖLLES ESSIGMANUFAKTUR

Stang 52

A-8333 Riegersburg

Tel.: 0043 / (0) 31 53 75 55

E-Mail: obst@goelles.at

www.goelles.at

(sehr gute Essigsorten für die Senfrezepte)

SPARGEL UND GEMÜSE GÄNGER

Donaustraße 38

94345 Niedermotzing

Tel.: 09429 / 362

Fax: 09429 / 63 09

E-Mail: info@spragel-gaenger.de

www.spargel-gaenger.de

OBSTHOF BRENNEREI RETTER

Pöllauberg 235

A-8225 Pöllau

Tel.: 0043 / (0) 33 35 41 31

E-Mail: office@obsthof-retter.at

www.obsthof-retter.at

(Bezugsquelle für den Hirschbirnenbrand für die Hirschbirnensauce im Rezept Apfelauflauf)

GUTSHOF POLTING

Familie Freiherr Riederer von Paar

84389 Postmünster

Tel.: 08726 / 13 14

Fax: 08726 / 320

www.gutshof-polting.de

(Bezugsquelle für den Lammrücken)

FISCHZUCHT KÖNIGSSEE

An der Stangermühle 10-12

83471 Schönau am Königssee

Tel.: 08652/ 65 66 00

Fax: 08652 / 65 66 012

E-Mail: info@fischzucht-koenigssee.de

www.fischzucht-koenigssee.de

FLUSSFISCHEREI JOHANN MAYER

Donaugasse 2

94315 Straubing

Tel.: 09421 / 12 234

Fax: 09421 / 88 317

MAYR JOSEF GMBH

Hardtstraße 4
85247 Schwabhausen
Hofanschrift:
Weiherweg
85254 Einsbach
Tel.: 08135 / 93 90 88
Fax: 08135 / 93 90 87
E-Mail: info@spanferkel-spezialitaeten.de
www.spanferkel-spezialitaeten.de

GEFLÜGELHOF LUGEDER

Neuerding 1
84568 Pleiskirchen
Tel.: 08728 / 785
Fax: 08728 / 10 13
E-Mail: info@gefluegelhof-lugeder.de
www.gefluegelhof-lugeder.de

METZGEREI MAX

Quetschenweg 32 (Hauptgeschäft)
95030 Hof
Tel.: 09281 / 70 900
Fax: 09381 / 70 90 10
www.metzgerei-max.de

KITZBÜHELER METZGEREI JOSEF HUBER

Bichlstraße 14
A-6370 Kitzbühel
Tel.: +43 (0) 53 56 62 480
Fax: +43 (0) 53 56 62 48 080
E-Mail: josef.huber@tirolspeck.com
www.tirolspeck.com

METZGEREI JOSEF MADER

Hörpling 8
94491 Hengersberg
Tel.: 09903 / 500
Fax: 09903 / 24 11
E-Mail: gerhard.mader@vrweb.de
www.metzgereimader.de

KLOSTERBRAUEREI REUTBERG E. G.

Am Reutberg 3
83679 Sachsenkamm
Tel: 08021 / 258
Fax: 08021 / 17 06
E-Mail: Reutberg-@t-online.de
www.klosterbrauerei-reutberg.de

Bildnachweis

Die Foodfotografien stammen von Luzia Ellert.

Alle weiteren Porträts, Reportagen und Stills mit Bildunterschriften und folgende Fotografien wurden von Rainer Herrmann aufgenommen.

S. 2: (von links) Alain Ullmann, Andreas Schinharl und Falco Jauch von Feinkost Käfer
S. 6: Michael Käfer auf dem Trachten- und Schützenumzug
S. 12/13, S. 36/37, S. 176/177, S. 274/275: In der Jachenau, Oberbayern
S. 25, S. 35, S. 113, S. 175, S. 151, S. 185, S. 195, S. 217, S. 223, S. 230/231, S. 239:
Eindrücke vom Oktoberfest auf der Theresienweise und der Wies'n-Schänke
S. 46/47 Kitzbühel in Tirol, Österreich
S. 55: Bei Käser Zinsle in Suffers
S.64/65: Geflügelhof Lugeder in Neuerding, Landkreis Altötting
S. 102/103: Im Berchtesgadener Land, Oberbayern
S. 127, S. 212/213, S. 263: Jagdhütte im Nationalpark Berchtesgaden
S. 158: Andreas Schinharl
S. 181: Spargelstechen in Niedermotzing
S. 227: Käfer Partyservice in Parsdorf; Alain Ullmann auf der Wies'n (links unten)

Folgende Landschaftsaufnamen stammen von Bernd Römmelt:
S. 10/11: Oktoberfest auf der Theresienwiese
S. 70/71: Tegernsee am Tegernsee, Malerwinkel
S. 132/133: Zugspitze, Werdenfelser Land
S. 146/1147: Burg Abenberg, Abenberg
S. 186/187: Blumenbalkon in Bernried am Starnberger See
S. 196/197: Morgenrot in Osterseen im Pfaffenwinkel
S. 244/245: Antdorf im Pfaffenwinkel
S. 254/255: Wasserburg am Bodensee
S. 280/281: Blühender Obstbaum in Unterfranken
S. 286/287: Das Münchner Oktoberfest in der Abenddämmerung

S. 94/95: Den Eibsee bei Grainau, Oberbayern, hat Carola Wiese aufgenommen.

Klaus-Wimmer
Herzl
radies
Knackfrische
Popcorn
Köstliche
ZUCKER-
WATTE
Schiffert
Herzl-Malerei
Wunsch-
herzen

Schießen
SHOP
Polizei
Dort kann man-
wenn man muß!
U4|U5

Impressum

www.collection-rolf-heyne.de

Texte: Marion Höß, München
Coverillustration: Eva-Maria C. Bader, München
Rezeptredaktion: Irmgard Rumberger, Ramerberg
Lithografie: Lorenz & Zeller, Inning am Ammersee
Druck und Bindung: Passavia Druckservice GmbH & Co KG, Passau
Printed in Germany

ISBN: 978-3-89910-427-1

Wies'n Schönk